历史的丰碑丛书

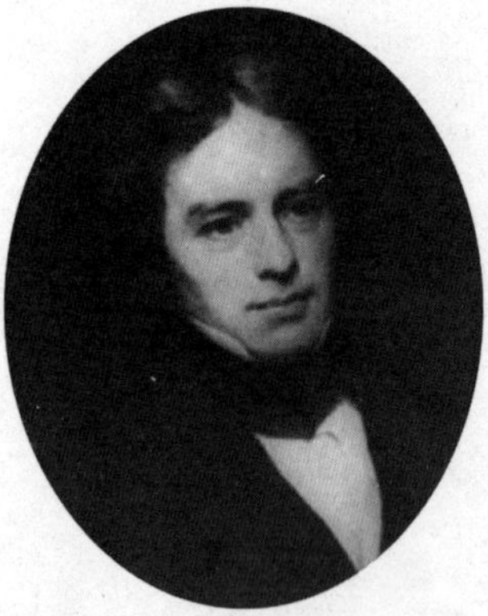

科学家卷

电气文明时代的先驱
法拉第

滕新宇 高俊勇 编著

吉林人民出版社

图书在版编目(CIP)数据

电气文明时代的先驱——法拉第 / 滕新宇，高俊勇编著 . -- 长春：吉林人民出版社，2011.4（2025.4 重印）
（历史的丰碑丛书）
ISBN 978-7-206-07664-0

Ⅰ . ①电… Ⅱ . ①滕… ②高… Ⅲ . ①法拉第（1791～1867）—生平事迹—青年读物②法拉第（1791～1867）—生平事迹—少年读物 Ⅳ . ①K835.616.1-49

中国版本图书馆 CIP 数据核字 (2011) 第 037145 号

电气文明时代的先驱 法拉第
DIANQI WENMING SHIDAI DE XIANQU FALADI

编　　著：滕新宇　高俊勇	
责任编辑：张　娜	封面设计：孙浩瀚
制　　作：吉林人民出版社图文设计印务中心	

吉林人民出版社出版 发行（长春市人民大街7548号 邮政编码:130022）
印　　刷：北京一鑫印务有限责任公司
开　　本：787mm×1092mm　1/16
印　　张：8　　　　　　　字　数：72千字
标准书号：ISBN 978-7-206-07664-0
版　　次：2011年4月第1版　　印　次：2025年4月第3次印刷
定　　价：35.00元

如发现印装质量问题，影响阅读，请与出版社联系调换。

编者的话

"欲知大道，必先为史"。

回溯人类的足迹，人们首先看到的总是那些在其各自背景和时点上标志着社会高度和进步里程的伟大人物。他们是历史的丰碑，是后世之鉴。

黑格尔说："无疑，一个时代的杰出个人是特性，一般说来，就反映了这个时代的总的精神。"普希金说："跟随伟大人物的思想是一门引人入胜的科学。"

以史为鉴，面向未来。作为21世纪的继往开来者，我们觉得，在知史基础上具有宽广的知识结构、开阔的胸襟和敏锐的洞察力应是首要的素质要求，而在历史的大背景

◆ 历史的丰碑丛书

中追寻丰碑人物的思想、风范和足迹，应是知史的捷径。

考虑到现代人时间的宝贵，我们期盼以尽量精短的篇幅容纳尽量丰富的信息，展现尽量宏大的历史画卷和历史规律。为此，我们编撰了这套丛书。

编撰丛书的过程，也是纵览历代风云、伴随伟人心路、吸收历史营养的过程。沉心于书页，我们随处感受着各历史时期伟大人物所体现的推动历史进步的人类征服力量。我们随着伟人命运及事业的坎坷与辉煌而悲喜，为他们思想的深邃精湛、行为的大气脱俗而会意感慨、拍案叫绝。

然而，在思想开始远游和精神获得享受的同时，我们也随之感受到历史脚步的沉重

编者的话

和历史过程的曲折。社会每前进一步都是艰难的，都伴随着巨大的痛苦和付出。历史的伟大在于它最终走向进步，最终在血污中诞生了鲜活的"婴孩"。

历史有继承性和局限性，不能凭空创造。伟人也有血肉，他们的思想、行为因此注定了同样具有历史的局限性和阶级的、时代的烙印；他们的功业建立于千千万万广大人民群众伟大创造的基础上。历史是人民群众创造的，伟大的人物们是历史和时代造就的。同时，我们也无法否定此间他们个人的努力。这也正是我们编撰这套丛书的目的。

我们期盼着这套丛书得到社会的认同，对读者，特别是青少年读者之历史感、成就感和使命感的培养有所裨益。史海浩瀚，群

◆ 历史的丰碑丛书

星璀璨。我们以对广大青少年读者负责的精神，精心遴选，以助力青少年成长进步，集结出版了《历史的丰碑》系列丛书，敬请读者批评、指正。

历史的丰碑丛书

编 委 会

策　划：胡维革　吴铁光
　　　　林　巍　冯子龙
主　编：胡维革　邢万生
副主编：贾淑文　谷艳秋
编　委：（按姓氏笔画为序）
　　　　于二辉　刘士琳
　　　　刘文辉　孙建军
　　　　李艳萍　吴兰萍
　　　　杨九屹　隋　军

迈克尔·法拉第是英国伟大的科学家，电磁感应定理的发现者，电磁场理论的奠基者，电解定理的创立人。被人们誉为电气文明时代的先驱。

作为一个伟大的科学家，他一生中有许多的发现和发明，但最重要的是他不畏艰险、勇于追求科学真理的精神。他一生坎坷，经历了屈辱、贫困、压制和失败的袭击，他以顽强的毅力创造着奇迹。

目　录

一个伟大的时代　　　　　◎ 001

在逆境中成长　　　　　　◎ 009

机　遇　　　　　　　　　◎ 023

忍辱负重壮游欧洲　　　　◎ 034

电磁转动——第一个发现　◎ 050

"剽窃"风波　　　　　　　◎ 062

不懈地追求　　　　　　　◎ 078

创立电解定律　　　　　　◎ 089

电磁场理论的先驱　　　　◎ 097

不朽的功绩科学家的楷模　◎ 106

历史的丰碑丛书

电气文明时代的先驱 **法拉第**

一个伟大的时代

社会的迫切需要比十所大学更能把科学推向前进。

——恩格斯

当你拿起电话筒，喊出"喂——"的声音时，当你用电子乐器弹奏起优美的音乐时，当你轻松地按动计算机的键盘时，你可曾想到过电是什么？如果没有电，整个世界会是什么样子？

关于电的故事，要追溯到遥远的古代，那时科学还没有诞生，天上的闪电和雷鸣使人类无限恐惧。忽然

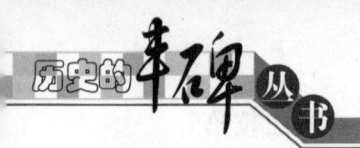

一声霹雳，森林着火了，牲畜和房屋被击毙、被烧焦。蒙昧无知的人们，认为是"天神愤怒了"，于是跪在地上对着天空祈求、膜拜。

关于大自然中电的现象，直到公元前六七世纪才有科学的观察和记录。当时欧洲波罗的海的海边生产一种黄棕色的透明"宝石"，人们给它起了个美好的名字叫琥珀。古希腊人喜欢把琥珀磨光制成各式各样的装饰品。有一位哲人，名叫泰勒斯（约公元前624—公元前547），他能够预报日食，能够测量海船之间的距

电气文明时代的先驱　**法拉第**

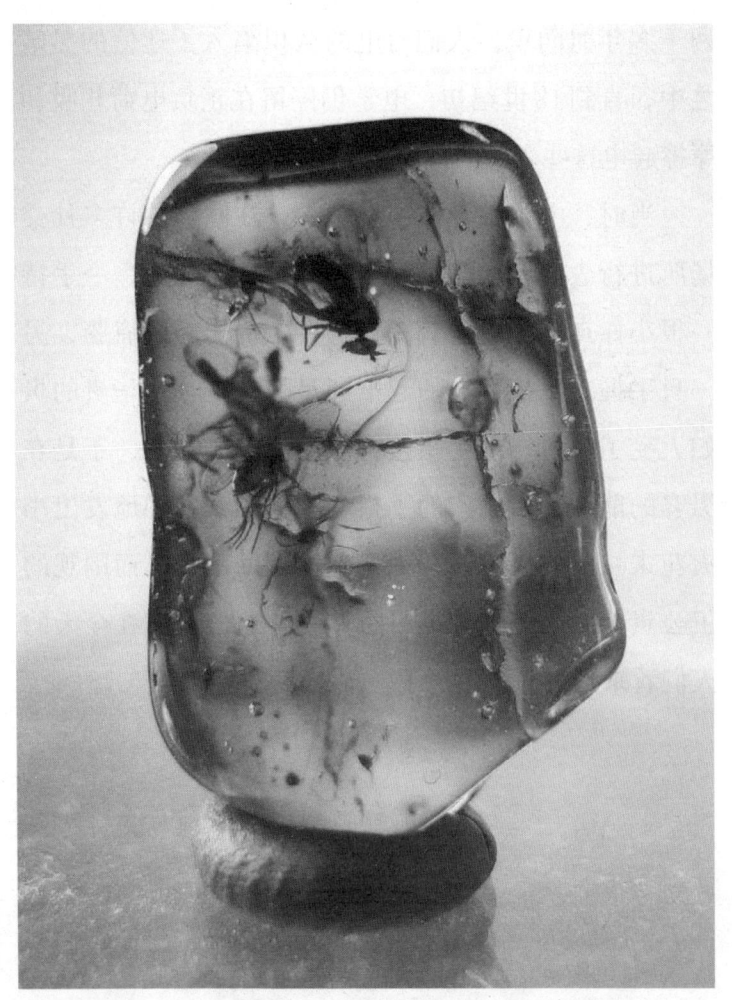

→ 琥珀

离，被人尊称为希腊"七贤"之一。他发现琥珀与皮毛摩擦后，会粘上一些绒毛。更奇怪的是琥珀旁边的一些绒毛也仿佛都变活了。它们虎虎有生气，昂头立了起来，有的竟会蹦到琥珀上。泰勒斯记下了这个奇异的现象。这是人类对摩擦起电的最早记录。此后的

科学家卷　003

两千多年时间里，人们对电的认识陷入了迷信的黑暗之中，直到18世纪初，电学仍停留在正负电荷相吸和摩擦起电这些表面的现象上。

当时，电学被看作一种魔术，在欧洲的许多社交场所进行表演。科学家站在一张玻璃小凳上，一手持一根小棒点住了一位躺在玻璃台上的男客的肩膀，另一只手握着摩擦起电的起电圆盘。一位雍容华贵的贵妇人受了怂恿，用手指接近那个男客的前额，于是在男客的前额和贵妇人的手指之间就噼噼啪啪地发出小火花来。贵妇人惊叫起来，急忙缩回手指，而围观的王公贵族个个都被惊得目瞪口呆。这个表演在今天的人们看来是再简单不过了。

电气文明时代的先驱 **法拉第**

时间进入了18世纪，一批批探索电的先驱者们不断涌现。

18世纪初，法国的杜瓦发现物体摩擦后产生两种不同类型的电——玻璃电和火漆电，即正电和负电。并发现异电相吸、同电相斥的现象。

英国科学家格雷通过实验发现，某些物体能传导电，而某些物体不能传导电，出现了导体和绝缘体这一电学术语。

1745年，荷兰莱顿大学克莱斯特等人发明了能储存电的瓶子——莱顿瓶。它能将摩擦起电盘产生的零星的电积储起来，为早期的电学实验提供了很大方便。

1752年6月，在雷雨交加之时，富兰克林冒着生

→荷兰莱顿大学

←富兰克林

命危险将天空中的闪电引到地面上来，证实了它与琥珀、玻璃和毛皮摩擦后产生的电是一样的。

1785年，法国科学家库伦用实验测定了电荷之间的作用力。

1789年，意大利学者伽伐尼发现电荷的流动即电流现象。从此，对电学的研究开始跳出静电学的框框。

1793—1800年，伏打对于各种金属做了大量的研

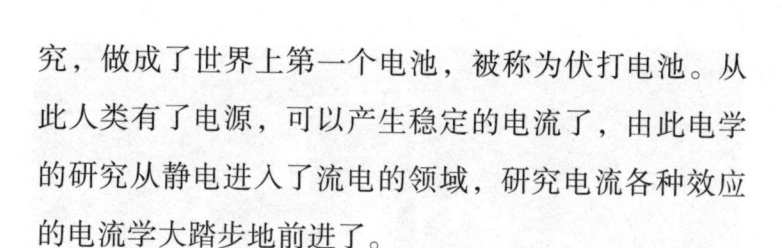

究，做成了世界上第一个电池，被称为伏打电池。从此人类有了电源，可以产生稳定的电流了，由此电学的研究从静电进入了流电的领域，研究电流各种效应的电流学大踏步地前进了。

1820年，丹麦物理学家、哥本哈根的奥斯特教授第一个发现了电和磁之间有联系。电磁学的发展进入了一个新时期。

同年，法国数学家安培用实验得出了磁针偏转和电流流通方向之间的关系。

1826年，德国科伦中学的物理教师欧姆提出说明电流、电压和电阻三者之间关系的著名的欧姆定律。

从18世纪中叶到19世纪20年代，这不到一百年的时间内，整个欧洲被一个又一个的电学新发现所震惊，电学已经弃除了它的神秘色彩，全世界都在注视着它的发展。

→ 欧姆

← 电池

电学能否进一步发展，这取决于能否获得廉价而又强大的电，使之走出实验室，在实际生活中得以应用。

伏打电池虽然已经代替了摩擦起电和莱顿瓶，但是伏打电池很笨重，要产生强大的电流，必须用许多伏打电池，制造、搬运都很麻烦。用不了多久就得更换。更可怕的是，由伏打电池所取得的电，其昂贵的代价不亚于今天我们用干电池烧电炉取暖。当时最大的、由2000块铜锌片组成的伏打电池产生的全部电力，只能点亮一盏弧光灯。

举世瞩目的中心问题就是如何能获得强大的电力，这就急切地需要有一位巨匠沿着前人已走过的小路，为大家打开电力大门开辟一条光明大道。这位巨匠就是伟大的物理学家、电磁理论的创始人——法拉第。

电气文明时代的先驱　**法拉第**

在逆境中成长

> 卓越的人的一大优点是：在不利与艰难的遭遇里百折不挠。
>
> ——贝多芬

1791年9月22日，在伦敦城南萨里郡的纽英顿镇上的铁匠詹姆斯·法拉第家里，一个男孩呱呱落地，为了纪念外祖父，给这个孩子取名叫迈克尔·法拉第。

詹姆斯·法拉第是一个贫穷的铁匠，迈克尔是他的第三个孩子，为了度日，他们经常搬家。在迈克尔5岁时，詹姆斯·法拉第又一次搬家，从伦敦城外搬到城里，在曼彻斯特广场附近的一条小巷里租了几个房间，全家人就在这里定居下来。

在英国的中小学里，很重要的一项内容就是教孩子们说话，并不是他们不会说话，而是他们不会"正确"地说话。在英国，要是不会拿腔拿调，说上流社会里通行的那种抑扬顿挫的英语，就休想找到一个上等职业。不过要换一种腔调说话，有时候竟比学外语还困难。许多人上了好几年学，说起话来仍旧含含混混，改不掉伦敦土话的腔调。

迈克尔在上小学时就遇到了这样的困难，他总是发不好"罗"这个音，女教师嘲笑他，进而还要迈克尔的哥哥罗伯特去买手杖来教训他，兄弟二人倔强地跑回家中，向母亲陈述了事情的经过，并发誓从此以后再也不到那个女教师的学校去上学。做母亲的听了也非常生气，她答应了孩子们的请求，把他们转到了一所公立小学。她本来就想叫他们转学，因为公立小学是专门为穷人的孩子办的，学费便宜些。

迈克尔在公立小学上学，放学后回家照看小妹妹，名字和妈妈一样，也叫玛格丽特。妈妈把玛格丽特交给他照看，自己就可以腾出身来，到市场上去买点便

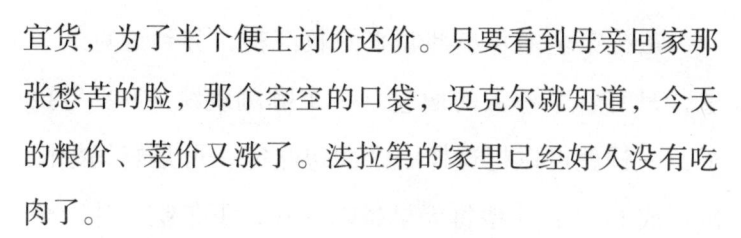

宜货，为了半个便士讨价还价。只要看到母亲回家那张愁苦的脸，那个空空的口袋，迈克尔就知道，今天的粮价、菜价又涨了。法拉第的家里已经好久没有吃肉了。

詹姆斯·法拉第的4个孩子越长越高，而他的身体却越来越不行了，铁锤拿在手里，没打几下，就心慌气喘。三天两头病倒，他的铁匠铺也支撑不住了，不得不盘给别人。詹姆斯·法拉第已经丧失了劳动能力、劳动工具和劳动的地方。他们连几间小房间的房租也付不起了，不得不再一次的搬家，搬到更便宜的地方去住。他们的食物来源只能向慈善机构伸手求救了。

法拉第全家每星期领来的救济粮，分到迈克尔手里，只有一个不大的面包。一个蹦蹦跳跳的9岁男孩子，一顿就可以把这样一个面包吃完，可是妈妈把面包切成14片，让他每天早晨吃一片，下午吃一片。全家人就这样忍饥挨饿，艰难地生活着。

　　这样的日子没有持续太久，全家人的生活就有了转机，法拉第的哥哥罗伯特已经13岁了，可以去当学徒了。按照当时的习惯，长子要继承父业，罗伯特进了一家铁匠铺，玛格丽特也长大了一些，妈妈可以到有钱人家里去打零工挣些钱了。

　　3年后，迈克尔13岁了，他也可以离开学校当学徒去了。父亲看着迈克尔瘦小的身子，心想："打铁太苦了，不能再去学铁匠了。"于是就将他送到布兰福街2号里波先生开的书铺去当学徒。

　　里波先生在布兰福德街2号开了个铺子，经营书籍装帧，捎带也销售书籍、文具，出租报纸。里波先生早就认识迈克尔，这孩子机灵，懂事，从小讨人喜欢，里波先生让迈克尔送一年报，要是孩子不偷懒，手脚勤快，一年以后就正式收作学徒。

　　从此，迈克尔·法拉第走上了生活的道路。他风里来雨里去，在伦敦城的大街小巷里奔跑，虽然活计辛苦，但当他把挣来的便士一个个放在妈妈的手里时，

心中有说不出的快乐。趁着送报的机会，自己也能偷偷地看看报。里波先生是个很和善的老板，当迈克尔有看不懂的地方，他总是耐心地给他解答问题。

一年的时间很快就过去了。迈克尔手脚勤快，聪明伶俐，又肯学习，里波先生很满意。他答应铁匠，收迈克尔做学徒，7年师满。按照当时英国有些行业的规矩，学徒头几年不仅工资很少，而且还要付给老板一笔食宿费。可是里波先生心地善良，他和迈克尔·法拉第签订的合同上写明：因为他谦虚好学，所以不收食宿费……

迈克尔告别父母，搬到里波先生的铺子里，开始了他的学徒生活。

他住在店堂楼上一间小阁楼里。每天清晨一醒来就能闻到纸张、油墨、胶水和小牛皮的气味。店门关了一夜气味散发不出去，第二天早晨就特别浓郁、芬芳。这里有很多书，从《一千零一夜》到《莎士比亚戏剧全集》，从通俗科学读物到《大英百科全书》应有尽有。迈克尔感到自己生活在知识的海洋里。

迈克尔很快学会了书籍装订的手艺，他装订得又快又好，没有多久就赶上了店里的师傅。他一面辛勤地装订书籍，一边抽空贪婪地从书本中攫取知识。他

电气文明时代的先驱 **法拉第**

对书籍，特别是对自然科学的书，似乎有无限的亲和力。他像一头小牛犊，在长期忍饥挨饿之后，现在一下子闯进了青翠的芳草地；又像一个渴望扩大视野，刚走出山村的旅客，一下子踏上无限美好的旅程。这是法拉第科学生命的起点，这个起点对他的生活道路的影响是巨大的。

他不停地装订书，看书。在他看来，这是闪烁着智慧的书，揭示奥秘的书，展现着未来世界的书。没有人指点，他依靠的是顽强的毅力和恒心，是发疯似的求知欲。

每天晚上收工以后，迈克尔把装订书籍的工具收拾得整整齐齐，连干活

时穿戴的围裙、袖套也不脱,就坐在工作台前聚精会神地看起书来。里波先生被法拉第的好学精神感动了。他鼓励法拉第说:"读吧,迈克尔,你好好读吧,爱读什么就读什么。订书匠只管书籍的外表,可是你知道了书里的内容,那也没有什么坏处。"

正是通过读书,迈克尔走上了科学之路。他在这里读到了《大英百科全书》和玛西特夫人写的《化学漫谈》。这些书中讲到电的现象和一些化学实验深深地吸引着他,他要把书上的每个实验都做一遍,亲眼看看那些神奇的现象。于是他用微薄的徒工收入,买了一些简单的实验器皿，按照书上叙述的实验方法，逐个进行试验。

1810年初，法拉第在一次送书的路上被一张布告吸引住了，上面写着：塔特姆先生，自然哲学讲演，每次收费一先令。看到这个布告，法拉第的心里很烦躁，那几行字在他的头脑里不停地转动、跳跃。回到自己的小阁楼，环视四周，自己的"财产"，也不过值几个先令，还不够听塔特姆先生几次讲演的。星期天，他回到家里，和哥哥罗伯特谈的也是塔特姆先生的自然哲学讲演。他的热情打动了哥哥，哥哥从口袋里掏出了几个一先令的银币，塞给迈克尔。此时，他哥哥

刚学徒期满，自己也没有多少钱，再说，全家全仗着罗伯特一个人，他的钱就是爸爸的药，就是妈妈和妹妹的面包。迈克尔怎么能拿这个钱去追求自己的爱好呢？

法拉第考虑再三最后还是去了，不是因为他自私，而是因为科学对他的吸引力太大了。从1810年2月到1811年9月，法拉第一共听了十几次塔特姆先生的讲演，每一次他都坐在前排正中，全神贯注地听着，记录着，把塔特姆先生做实验用的仪器也仔仔细细地画了下来。他把誊抄清楚的笔记装订起来，就像装订《大英百科全书》那样认真、仔细。他把这本自己记录，自己装订的《塔特姆自然哲学讲演录》送给里波先生，里波先生仔细察看它的装帧工艺，从封皮、书脊和扉页的安排到书写款式，都是那么完美、那么仔细认真。

里波先生在书籍装订行业是个很特别的人，他脾气好，有信用，不少学术界人士都把书送到他的店里装订。有一天，皇家学院的当斯先生夹着一本书走进来，当斯先生是这里的老主顾，经常来这里，和法拉第也很熟，每一次他来法拉第总是向他请教问题。这一次也不例外。可没等法拉第开口，他就拍拍法拉第的肩膀，笑着说："今天你别问我，我来问你，你到皇

家学院去过吗?"

"没有。"法拉第说。

"你想去吗？去听戴维教授讲化学。"

"我太想去了。"法拉第十分高兴地说。

当时伦敦皇家学院化学教授戴维的演讲是很出名的，吸引了上流社会一大群热衷科学的听众。

于是当斯先生把4张入场券塞在法拉第手里。

"当斯先生……"

法拉第还没有来得及道谢，当斯先生已经拿起礼帽，扬了一下，走出书店，边走边自言自语："法拉第这个年轻人，这个学徒真是很特别。"

→ 伦敦皇家学院

相关链接
XIANGGUAN LIANJIE

法拉第清苦的童年

法拉第于1791年出生在英国伦敦附近的一个小村里。他的父亲是个铁匠，体弱多病，收入微薄，仅能勉强维持生活的温饱。但是父亲非常注意对孩子们的教育，要他们勤劳朴实，不要贪图金钱地位，要做一个正直的人。这对法拉第的思想和性格产生了很大的影响。

由于贫困，法拉第家里无法供他上学，因而法拉第幼年时没有受过正规教育，只读了两年小学。12岁那年，为生计所迫，他上街头当了报童。第二年又到一个书商兼订书匠的家里当学徒。订书店里书籍堆积如山，法拉第带着强烈的求知欲望，如饥似渴地阅读各类书籍，汲取了许多自然科学方面的知识，尤其是《大英百科全书》中关于电学的文章，强烈地吸引着他。他努力地将书本知识付诸实践，利用废旧物品制作静电起电机，进行简单的化学和物理实验。他还与青年朋友们建立了一个学习小组，常常在一起讨论问题，交

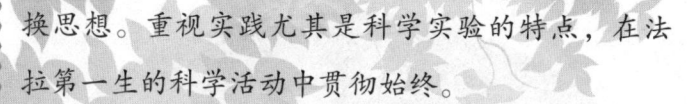

换思想。重视实践尤其是科学实验的特点，在法拉第一生的科学活动中贯彻始终。

　　法拉第不放过任何一个学习的机会，在哥哥的资助下，他有幸参加了学者塔特姆领导的青年科学组织——伦敦城哲学会。通过一些活动，他初步掌握了物理、化学、天文、地质、气象等方面的基础知识，为以后的研究工作打下了良好基础。法拉第的好学精神感动了一位书店的老主顾，在他的帮助下，法拉第有幸聆听了著名化学家戴维的演讲。他把演讲内容全部记录下来并整理清楚，回去和朋友

们认真讨论研究。他还把整理好的演讲记录送给戴维，并且附信，表明自己愿意献身科学事业。结果他如愿以偿。22岁时做了戴维的实验助手。从此，法拉第开始了他的科学生涯。戴维虽然在科学上有许多了不起的贡献，但他说，"我对科学最大的贡献是发现了法拉第。"

　　法拉第勤奋好学，工作努力，很受戴维器重。1813年10月，他随戴维到欧洲大陆国家考察，他的公开身份是仆人，但他不计较地位，也毫不自卑，把这次考察当作学习的好机会。他见到了许多著名的科学家，参加了各种学术交流活动，还学会了法语和意大利语。大大开阔了眼界，增长了见识。因此有人说欧洲是法拉第的大学。

电气文明时代的先驱 **法拉第**

机遇

机遇只垂青那些懂得怎样追求他的人。
——尼科尔

1812年早春的那四个夜晚，法拉第看清了自己今后应该走的道路，下定了决心，他从一个孩子变成了成年人，那些难忘的夜晚，像梦一样，但它们却又是实实在在的，过了许多年以后，法拉第回想起来，就像昨天发生的事情，这四个夜晚可以说是他人生道路上的新起点。

像上一次听塔特姆的讲演一样，这次听戴维的演讲，法拉第也是聚精会神地聆听，仔细地记下所讲的内容，画下实验用的仪器，回家后按照笔记反复进行实验。对于所讲的内容，都力求融会贯通、深切理解和牢固掌握。在一千多名听众中，他大概是最认真的一位听众了。

1812年10月，法拉第满师了。经人介绍，他进了法国人德拉罗舍先生的书籍订铺。这位新店主可不像

里波先生那样和蔼可亲,法拉第刚去没有几天,就挨了好几回骂。店主是一位典型的生意人,他不理解法拉第的心思、爱好和对科学的兴趣。在他看来,法拉第的职业是订书,这与化学实验没有什么关系,看书对订书没有什么帮助。在他们书铺里不许看书,更不用说做化学实验了。

法拉第热爱科学,研究科学需要时间,然而他的时间、青春、生命,却消磨在这书籍装订铺里,每日

为吃饭而操心、忙碌着。现在连看书的权利也被剥夺了，他渴望从困境中摆脱出来，渴望有个人能帮他一把，让他从事他喜爱的工作。于是他想起了戴维教授。

戴维教授出生在英格兰西南角的彭赞斯，家世贫寒，他的父亲是个木雕艺人，兼带经营一个小农场。戴维十几岁的时候，父亲就去世了。母亲是个能干的女人，丈夫去世后，她和一个流亡在英国的法国女人合伙开了一家磨坊，自己挣钱抚养5个未成年的孩子。戴维从小聪敏过人，是家里的宠儿。在外公和母亲安排下，他16岁开始师从一位药剂师，但是戴维有他自己的想法，从学徒的那一年起就给自己制订了一个自学计划，列了数不清的学习科目。其中戴维最感兴趣的是化学，他自己悄悄地研究化学，决心当个化学家。

从研究光和热的现象开始，只花了几个月的时间他就提出了自己的独特见解。他发现用冰互相摩擦，能使冰融化成水，为热的运动论提供了有力的证据。他的才能得到名医贝多斯教授的赏识。他邀请戴维来克利夫顿就任气体疗养院院长，当时戴维还不满20岁。

1801年，戴维被介绍到伦敦皇家学院担任"皇家学院助理化学讲师，兼任实验室主任和出版部助理编辑"，年薪100畿尼，外加免费供应的住房和煤火费。1802年5月，戴维23岁就被任命为皇家学院化学教授。他举办的通俗化学讲座以其口才好、内容精彩而风靡伦敦，到皇家学院听戴维教授讲演、谈论电、元素、合成、分解之类的词成了上流社会的时髦。1803年，他还不到25岁就当选为皇家学会会员。两年以后，又

获得英国皇家学会的最高荣誉——柯普莱奖。他在皇家学院的讲演吸引大批听众，也募来大量捐款。

1812年12月，法拉第鼓起勇气给戴维先生写了一封毛遂自荐的信，诉说他对科学的向往和热情，并把自己整理、装订的戴维的讲演记录，一起送到了皇家学院。

戴维看到这封信是在圣诞节前，看到法拉第整理的《亨·戴维爵士讲演录》时，他怔住了，没有想到，自己那4次讲演只不过4个多小时，而法拉第竟然记了386页，对自己未讲的内容做了补充。戴维从头至尾细细地看了法拉第的来信，他被感动了，同时勾起了对往事的回忆。十几年前自己也像法拉第一样，出身低微、贫穷、屈辱，没有受到充分的教育……戴维从这封信里又看到了自己的过去、自己的影子。当天晚上，戴维就给法拉第写了一封回信，大大地赞赏了法拉第极高的热情、非凡的记忆力和专心致志的精神，并约法拉第见面。这封回信立刻点燃了法拉第蕴藏已久的希望的火焰。

电气文明时代的先驱 **法拉第**

1813年1月，法拉第终于和戴维会面了。见到这位伟大的科学家，和他肩并肩地坐在一起，法拉第激动得心里怦怦直跳，是戴维的和蔼可亲，消除了他的忐忑不安。他向戴维先生讲述了自己的困境，吐露了自己内心的苦恼——订书工作扼杀了他对科学的强烈进取心。戴维十分同情法拉第，但眼下还不能解决他的困难，表示有机会一定替他物色适当的工作，并愿意借书给他阅读。

走出皇家学院的大门，街上很冷，正在刮风，但是法拉第却一点儿也不冷。他把围巾拿在手里挥舞着，情不自禁地想奔跑、欢呼、歌唱，他见到了他所崇敬的戴维先生。这一次会面，对法拉第来说，科学又一次向他招手，希望的种子又一次萌发了。

1813年3月的一个夜晚，法拉第刚准备睡觉，忽然听到楼下有人大声敲门。他把头伸到窗外，看到戴维先生的马车停在门口，法拉第也不顾自己衣服已经脱了一半，披上外衣就奔下楼去。车夫递过戴维先生写的信，通知法拉第明天一早到皇家学院去见他。兴奋、喜悦和对未来的憧憬，使法拉第激动得一夜没有合眼。

  第二天早晨，戴维问法拉第："皇家学院的实验室缺少一位实验助手，周薪是25先令，外加皇家学院顶楼上的两间住房，你是否愿意就任？……"法拉第答应了。这是法拉第人生道路上的重大转折，是他科学生命的真正开端。科学圣殿的大门向他打开了，一切都充满了生机，这是他的黎明，他的希望……

相关链接

法拉第博大的胸怀

1839年,由于过度的思考和劳累,法拉第患了严重的神经衰弱,暂时中断了对电磁学的研究。但在病中他仍进行了液化气体的研究,几年以后身体稍有恢复,又继续原来的研究。19世纪50年代以后,他的健康状况进一步恶化,被迫停止了研究工作。但他仍经常做演讲,向广大群众宣传科学知识。他非常注意培养青年人。他每星期五都在皇家研究院公开讲课。他在七十高龄的时候,仍给青少年做通俗科学讲座,并且把讲稿编成了一本著名的科普读物——《蜡烛的故事》。

法拉第对人态度和蔼可亲,宽宏大量。他对自己要求严格,有错即改,决不文过饰非。他33岁时就被选为英国皇家学会会员,34岁时升任皇家研究院的实验室主任。1846年,他由于在电学方面的杰出贡献而获得伦德福奖章和皇家奖章,把两枚奖章授予同一个人,在皇家学会的历史上是十分少见的。他虽然获得了很高的荣誉和地位,

但却始终保持谦虚谨慎的态度。他在自己的临终遗嘱里，吩咐家人不要举行隆重的葬礼，也不要葬入名人公墓，而是和普通人一样葬在一般墓地。1867年8月25日，这位伟大的科学家安然去世了。

他成名以后，不愿为拿高额报酬而影响正在进行的科学研究，而对于国家交给的科研任务，他却欣然应允，不计报酬。这种为了科学而轻视金钱的博大胸怀，与当时某些科学界追名逐利的人相比，是非常难能可贵的。

法拉第出身于贫苦家庭。他从一个穷铁匠的儿子，经过自己的艰苦努力，克服了重重困难，成长为一位为人类做出巨大贡献的科学家。他那种坚韧不拔、不断追求科学真理的大无畏精神；那种一切从客观实际出发，重视科学实验的唯物主义态度；那种不盲目崇拜权威，不囿于传统观念，敢于提出独特见解的创新精神，体现了一个科学家的优秀品格，永远值得后人学习和敬仰。

忍辱负重壮游欧洲

> 真正勇敢的人，应当能够智慧地忍受最难堪的屈辱。
> ——莎士比亚

从此，法拉第帮着戴维进行各种实验，他在帮助戴维发明矿井照明用的安全灯中，首次显示了自己的才能。他虽未进过学校、从过名师和受过专门训练，但已从多年的持之以恒的自学中积累了许多化学、物理知识，他那细致入微、善于观察和发现问题的实验本领，更是出类拔萃。

法拉第在皇家学院的演讲厅里，可以聆听名家的演讲，可以从学院丰富的藏书中，学到许多知识，可以及时地了解到国内及欧洲大陆的科学发展情况。虽然他的工作艰辛、地位低下、工资菲薄，可他从实验中找到了自己的乐趣，找到了自己的价值。他知识增长很快，成为戴维先生的得力助手。

1813年，戴维夫妇决定游历欧亚大陆，随行的除了戴维夫妇和法拉第以外还有戴维先生的听差和戴维

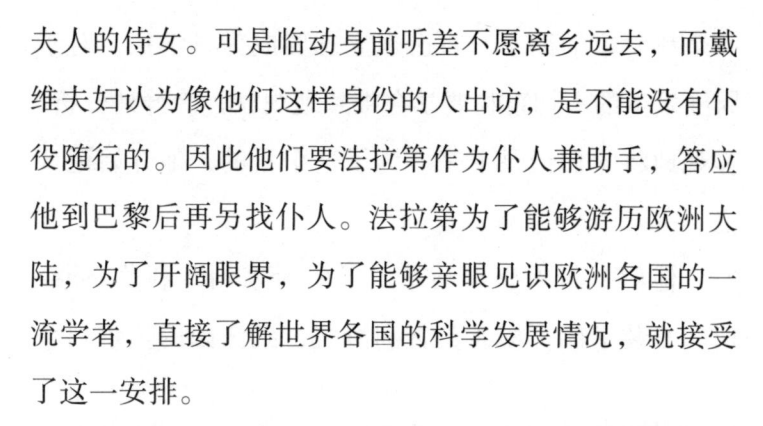

夫人的侍女。可是临动身前听差不愿离乡远去，而戴维夫妇认为像他们这样身份的人出访，是不能没有仆役随行的。因此他们要法拉第作为仆人兼助手，答应他到巴黎后再另找仆人。法拉第为了能够游历欧洲大陆，为了开阔眼界，为了能够亲眼见识欧洲各国的一流学者，直接了解世界各国的科学发展情况，就接受了这一安排。

  1813年10月13日，戴维一行上路了。他们带着一箱化学实验仪器，一路上做着实验。这次旅行对法拉第来说又是一个新的开始。他没有见过的山、没有见过的海，望不到尽头的道路、无边无际的田野、丘陵、平原、森林，都展现在他的面前。他一路上很兴奋、激动，心里像有一只小鸟在跳跃，歌唱。然而，他是

一个科学家的助手,自己也立志要成为科学家,对于周围发生的一切事物要学会细致地观察,冷静地分析,客观地将它们记录下来。为了这个目的,他开始记日记。

他们一行人坐着马车走了两天来到普利茅斯港,把马车装上船,横渡英吉利海峡,到法国的莫尔列登

← 普利茅斯港

电气文明时代的先驱　**法拉第**

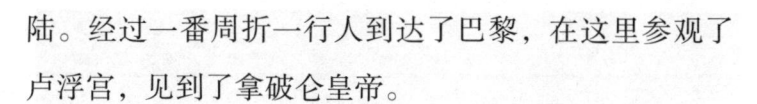

陆。经过一番周折一行人到达了巴黎，在这里参观了卢浮宫，见到了拿破仑皇帝。

11月23日，安培教授和两位化学家来拜访戴维。他们带来一种神秘的物质，于是在法拉第的帮助下，戴维先生立即动手做起了实验。12月11日，戴维使用了电解的办法，证实安培带来的这种物质不能电解，它是一种单质。戴维给它起了个名字，叫作"碘"。一种新的元素诞生了。

接下来他们又到了里昂、濒临地中海的蒙彼利埃，然后经过尼斯，翻越阿尔卑斯山，这一路上法拉第不停地记着日记，他记下了沿途的观感、自然景色和阿尔卑斯山上的气压和温度。

→安培

←法国埃菲尔铁塔

1814年2月21日，他们到达意大利的都灵，没停留几天就前往热那亚、佛罗伦萨、罗马、那不勒斯，接着去瑞士和德国南部，随后又折回意大利，经过"水上城市"威尼斯，回到罗马。在米兰，他们会见了

电气文明时代的先驱 **法拉第**

→ 「水上城市」威尼斯

伏打伯爵（1745—1827）。这位年近古稀的电学先驱佩戴着红色的绶带，精神矍铄，见到戴维和他的助手法拉第时非常高兴。

戴维夫妇始终没有履行自己的诺言，到法国巴黎后，没有找到一个合适的听差，在里昂、蒙彼利埃也找不到，在热那亚、佛罗伦萨和罗马也找不到。到后来，戴维先生索性不再提找听差的事，临时帮忙变成长期义务，科学助手成了助手兼听差。

在这18个月漫长的旅程中，法拉第默默地承受了横加于他身上的各种难堪和屈辱。正像法拉第自己所说："她（指戴维夫人）为了要显示出自己的高贵，于是对我进行凌辱。"现实往往就是这样的不公平，一个

科学家卷　039

具有杰出的科学才能的人，有时竟要受一个无知暴戾的妇人的驱使、奴役和侮辱。

一路上戴维夫人不准法拉第与她同桌吃饭，让他与侍女和车夫一起吃饭。法拉第本人并不在乎，他本来就不习惯上流社会那一套虚情假意和烦琐的礼节，和仆人们在一起，反倒自在些。

有一次在日内瓦的树林里，戴维先生与德拉里弗（1770—1834）打猎，法拉第背着猎枪跟在后面，德拉里弗与法拉第攀谈起来。德拉里弗原来以为法拉第是戴维先生的听差，却不料他不仅对各国科学界当前正在研究的问题了如指掌，而且还能提出自己的见解。他们用法语交谈，教授问法拉第在哪里学的法语，法

←日内瓦

电气文明时代的先驱　**法拉第**

→ 佛罗伦萨

拉第告诉他是在法国旅行时候学的。教授又问他原来是干什么的，怎么会替戴维先生当听差的？法拉第把自己的经历告诉教授，德拉里弗教授愕然了。这样有才华的青年科学家竟被当作仆人，让他同侍女和马夫一起吃饭，让他背着猎枪和猎获的鹌鹑跟在爵士先生后边跑，这真是糟蹋人才啊！回到家里，德拉里弗教授马上吩咐用人在晚餐桌上多放一份刀叉，因为法拉第先生是科学工作者，应该和主人及其他宾客同桌吃饭。戴维夫人获悉主人的意向，在房间里对丈夫大发脾气，说她决不和法拉第一起吃饭，并且威胁说要把自己锁在房间里，不去吃晚饭。戴维只能去向主人说明情由。可是主人的态度也很坚决，前两天因为不知

道法拉第的身份，委屈了他，从今天起，决不能再让他同侍女、车夫和用人一起吃饭。双方相持不下，最后达成妥协：法拉第既不和主人、戴维夫妇同桌吃饭，也不和仆人一起吃饭，单独替他准备一份饭菜，送到他的房间里。

旅行结束了，法拉第重新回到了皇家学院，其职务是"实验室助手兼矿物标本管理员兼仪器设备总管"。薪水也从每周25先令增加到30先令，几个月以后又增加到每年100镑。实际上，法拉第既是实验助手，又是独立研究人员；既是勤杂工，又是技工。从洗瓶子，吹玻璃管，到帮助戴维做研究，自己独立做研究，写研究报告，只要是和科学研究有关的事情，他没有一样不干的。

1816年，他和戴维完成了可供矿井实用的安全灯的全部实验工作。

法拉第参加了由一群热情的青年组织起来的伦敦市哲学会，他常在会上讲演化学。原来性格沉默、讲话害羞的他，现在已练就了演讲的本领，能在众人面前从容陈词了。

1816年，法拉第25岁，他在布兰德教授主编的《科学季刊》上发了第一篇科学论文。那是一篇简短的实验报告，总共不到两页，分析了戴维从托斯卡诺带回来的一种石灰。布兰德发现，这个没有受过正规教育的年轻人，不仅做实验心灵手巧，而且对于写作也颇有造诣，就叫他做些编辑工作。工作越多，法拉第干劲越大，兴致越高。他有用不完的精力，从早到晚待在实验室里。1817年，法拉第发表了6篇论文；1818年发表了11篇。这些工作都是应戴维、布兰德和皇家学院其他科学家的要求做的，大都是化学分析，并不引人注目。但对于一个科学家来说，这仅仅是起步。步子不大，却很扎实。

时间一年年过去，在人生和事业的道路上法拉第也逐渐趋于成熟了，但他仍过着简朴的生活，宁可自己两天吃一顿正餐，也要省下钱来供养母亲，送妹妹上学，爱情似乎也与他无缘，他仍然孑然一身，除了每星期日陪母亲到伦敦山曼顿教堂做礼拜外，几乎哪儿也不去。

1819年，一个名叫萨拉的姑娘走进了他宁静的生活，在他十分澄静的心灵湖面上激起了涟漪。这个姑娘的父亲是个银匠，他们是在山曼顿教堂做礼拜时结识的。这是一位性情温文尔雅、既聪颖又贤惠的女子，他们真诚地彼此相爱了。萨拉懂得法拉第的思想，理解法拉第所做的一切，信任他胜过信任自己。她没有尘世虚荣心和对金钱的贪欲。法拉第在写给萨拉的信

中说："你理解我胜过我对自己的了解……"

1821年5月，法拉第被提升为皇家学院事务主任，并且在布兰德教授请假离任期间代理实验室主任的职务。根据规定，事务主任可以携带家眷，在皇家学院的楼上占用两间比较大的房间。6月12日，这一对情人结婚了，他们只是在教堂里静悄悄地举行了一个简单的婚礼仪式。婚后，法拉第没有带萨拉去度蜜月，就又忙他手头的工作去了。

在这以后将近五十年的共同生活中，共同的理想将他们结合在一起，真挚的爱情火焰始终长燃不熄。她分享着法拉第成功的喜悦，更分担着他忧患困苦的各种煎熬，为法拉第的成功献出了自己的一切。今天当我们颂扬法拉第的功绩时，萨拉的名字也是不能遗忘的。

相关链接

法拉第长期实践大胆探索

法拉第的工作异常勤奋，研究领域十分广泛。1818—1823年研制合金钢期间，首创金相分析方法。1823年从事气体液化工作，标志着人类系统进行气体液化工作的开始。采用低温加压方法，液化了氯化氢、硫化氢、二氧化硫、氢等。1824年起研制光学玻璃，这次研究导致在1845年利用自己研制出的一种重玻璃（硅酸硼铅），发现磁致旋光效应。1825年在把鲸油和鳝油制成的燃气分馏中发现苯。

他最出色的工作是电磁感应的发现和场的概念的提出。1821年在读过奥斯特关于电流磁效应的论文后，为这一新的学科领域深深吸引。他刚刚迈入这个领域，就取得重大成果——发现通电流的导线能绕磁铁旋转，从而跻身著名电学家的行列。因受苏格兰传统科学研究方法影响，通过奥斯特实验，他认为电与磁是一对和谐的对称现象。既然电能生磁，他坚信磁亦能生电。经过10年探索，历经多次失败后，1831年8月26日终于获得成功。这次实验因为是用伏打电池在给一组线圈通电（或断电）的瞬间，在另一组线圈获得的感生电流，他称之为"伏打电感应"。而后，同年10月17日完成了在磁体与闭合线圈相对运动时在闭合线圈中激发电流的实验，他称之为"磁电感应"。经过大量实验后，他终于实现了"磁生电"的夙愿，宣告了电气时代的到来。

　　作为19世纪伟大实验物理学家的法拉第。他并不满足于现象的发现，还力求探索现象后面隐藏着的本质；他既十分重视实验研究，又格外重视理论思维的作用。1832年3月12日，他写给皇家学会一封信，信封上写有"现在应当收藏在皇家学会档案馆里的一些新观点"。那时的法拉第已经孕育着电磁波的存在以及光是一种电磁振动的杰出思想，尽管还带有一定的模糊性。为解释电磁感应现象，他提出"电致紧张态"与"磁力线"等新概念，同时对当时盛行的超距作用说产生了强烈的怀疑："一个物体可以穿过真空超距地作用于另一个物体，不要任何一种东西的中间参与，就把作用和力从一个物体传递到另一个物体，这种说法对我来说，尤其荒谬。凡是在哲学方面有思考能力的人，决不会陷入这种谬论之中"。他开始向长期盘踞在物理学阵地的超距说宣战。与此同时，他还向另一种形而上学观点——流体说进行挑战。1833年，他总结了前人与自己的大量研究成果，证实当时所知摩擦电、伏打电、电磁感应电、温差电和动物电等五种不同来源的电的同一性。他力图解释电流的本质，导致他研究电流通过酸、碱、盐溶液，结果在1833～1834年发现电解定律，开创了电化学这一新的学科领域。他所创造的大量术语沿用至今。电解定律除本身的意义外，也是电的分立性的重要论据。

1837年他发现电介质对静电过程的影响，提

出了以近距"邻接"作用为基础的静电感应理论。不久以后，他又发现了抗磁性。在这些研究工作的基础上，他形成了"电和磁作用通过中间介质、从一个物体传到另一个物体的思想"。于是，介质成了"场"的场所，场这个概念正是来源于法拉第。正如爱因斯坦所说，引入场的概念，是法拉第的最富有独创性的思想，是牛顿以来最重要的发现。牛顿及其他学者的空间，被视作物体与电荷的容器；而法拉第的空间，是现象的容器，它参与了现象。所以说法拉第是电磁场学说的创始人。他的深邃的物理思想，强烈地吸引了年轻的麦克斯韦。麦克斯韦认为，法拉第的电磁场理论比当时流行的超距作用电动力学更为合理，他正

电气文明时代的先驱 **法拉第**

是抱着用严格的数学语言来表述法拉第理论的决心闯入电磁学领域的。

法拉第坚信:"物质的力借以表现出的各种形式,都有一个共同的起源",这一思想指导着法拉第探寻光与电磁之间的联系。1822年,他曾使光沿电流方向通过电解波,试图发现偏振面的变化,没有成功。这种思想是如此强烈,执着的追求使他终于在1845年发现强磁场使偏振光的偏振面发生旋转。他的晚年,尽管健康状况恶化,仍从事广泛的研究。他曾分析研究电缆中电报信号迟滞的原因,研制照明灯与航标灯。

他的成就来源于勤奋,他的主要著作《日记》由16041则汇编而成;《电学实验研究》有3362节之多。

电磁转动——第一个发现

真正有才能的人会摸索出自己的道路。
——歌德

1821年4月的一天,沃拉斯顿教授来到皇家学院的实验室。

沃拉斯顿是皇家学院理事,戴维的老朋友。他以研究贵金属而出名,发明过一种拉白金丝的新办法,拉出了直径不到一丝(1%毫米)的白金丝。在1803年和1804年,他又发现两种新的金属元素钯和铑,另外还发明了许多种科学仪器。这些成就使他誉满欧洲。10个月以前,前任皇家学会会长班克斯爵士逝世,提名新会长候选人的时候,沃拉斯顿和戴维呼声最高,后来,沃拉斯顿谢绝提名,戴维当上了皇家学会会长。

今天,沃拉斯顿跑来找戴维,从口袋里拿出一张草图,并向戴维解释说,照他图上画的样子做——在两个金属碗中间夹一根直导线,通上电流,然后再拿一根磁棒移近导线,导线就会绕着自己的轴转起来

电气文明时代的先驱 **法拉第**

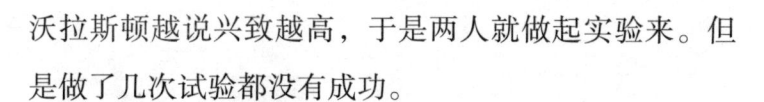

沃拉斯顿越说兴致越高，于是两人就做起实验来。但是做了几次试验都没有成功。

沃拉斯顿和戴维在实验室里做实验的时候，法拉第刚好有事出去，等他回来时，他们已做完实验，收拾好仪器，在讨论通电导线为什么不转。奥斯特的实验证明，通电导线能对磁针产生偏转作用。有作用就有反作用，好像理所当然地磁铁也应该能使通电导线转动，可是沃拉斯顿的通电导线为什么不转呢？法拉第仔细地听了两位大科学家的讨论，但他什么也没说。

法拉第早就对电感兴趣，十几年前在里波先生铺子楼

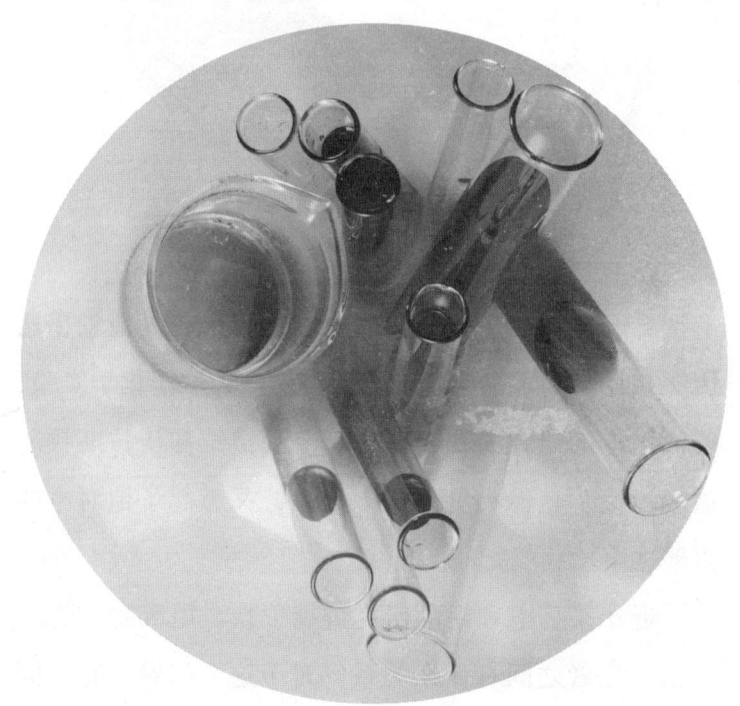

上摆弄起电机、莱顿瓶，噼噼啪啪冒火花的情景仍然历历在目。到了皇家学院以后，他整天忙于化学实验，反而把电的研究搁在了一边。今天戴维和沃拉斯顿的这场讨论，就像火星落在干柴上，又燃起了他对电的兴趣之火。

近年来，电和磁的研究进展很快。电和磁究竟是什么，二者之间有什么关系？对于这个问题，有不同

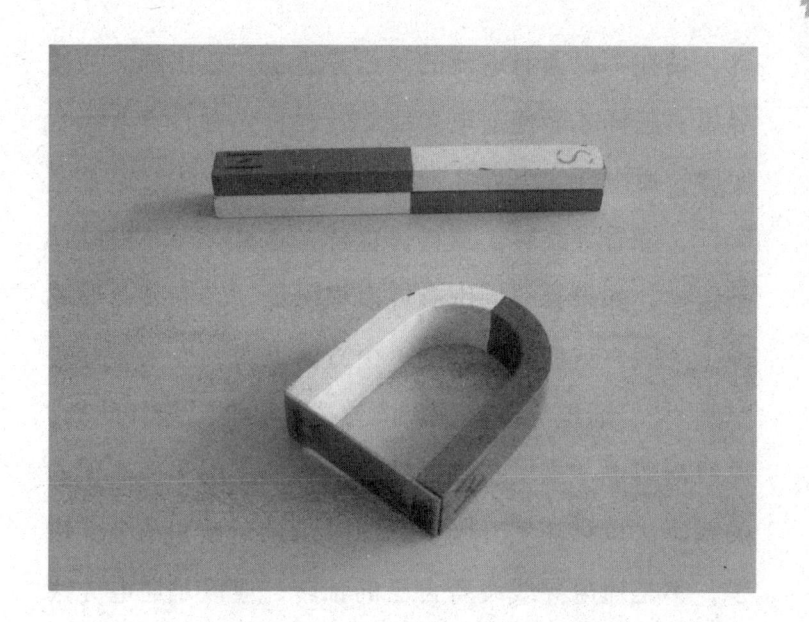

的说法。各种各样的实验，形形色色的理论，把电磁学搅得像一团乱麻似的。进入这样一个正在蓬勃发展的新的科学领域，必须先理清头绪，探明方向。法拉第花了别人好几个月时间，把所找到的有关电和磁的研究报告细细地读了一遍，把别人做过的实验又一个个亲自动手重做了一遍，并把实验心得写成报告《电磁研究的历史概况》。这样，法拉第就为自己研究电磁现象打下了一个坚实的基础。

法拉第要自己动手做实验研究电和磁了。在选题时他很自然地想起沃拉斯顿和戴维没有做成功的实验。沃拉斯顿后来请法拉第帮忙，想办法减小导线和铜碗之间的摩擦，但是也没有成功。法拉第手拿磁铁、磁针，站在一根通有电流的导线旁边，一边比画，一边寻思：怎样才能使通电导线旋转呢？先看看奥斯特的实验，通电导线怎样才能使磁针偏转吧，法拉第手拿磁针，绕着导线转。这样，这样，这样……一根磁针是这样，如果导线周围有许多根磁针，它们就会形成一个个圆，这些圆向着同一个方向。对，原来磁针是"想"绕着通电导线转呢！既然磁针"想"绕导线转，导线当然也"想"绕磁针转，这就是作用和反作用的关系。法拉第豁然开朗了。原来沃拉斯顿和戴维弄错了，不是通电导线绕着自己的轴转，应该是通电导线绕着磁铁的磁极转。应该是公转，不是自转！

电气文明时代的先驱　**法拉第**

法拉第想通了道理，马上动手做实验。磁针的磁性太弱，法拉第又换一根磁性很强的磁棒。一根直导线既要通电流，又要转，怎样才能做到呢？为了叫导线自转，沃拉斯顿用细铜棒做导线，两头用铜碗夹住。现在为了让导线公转，照沃拉斯顿的办法，该用两个大铜盆，铜盆上还要挖槽作轨道。上下两个铜盆，中间夹一根直立的细铜棒，夹紧了，转不动；夹松了，上下接触不上，导线也立不住。这样的办法行不通。法拉第想了好几天，9月3日他终于想出了一个绝妙的办法：

在一个玻璃缸的中央立一根磁棒，磁棒底部用蜡"粘"在缸底上。缸里倒上水银，刚好露出一个磁极。把一根粗铜丝扎在一块软木上，让软木浮在水银面上，导线下端通过水银接到伏打堆的一个极上，导线上端

← 法拉第的实验室

电气文明时代的先驱 **法拉第**

→法拉第

通过一根又软又轻的铜线接在伏打堆的另一个极上。这样就形成了一个闭合回路,立在水银面上的导线中就会有电流通过。终于看到导线环绕磁铁自行旋转起来了,他高兴得围着实验台手舞足蹈地喊叫:"它们转动了,它们转动了!"经过重复多次的实验,都出现了相同的结果。1821年10月号的科学季刊上刊登了法拉第的这一新发现。

　　法拉第的发明就是世界上的第一个马达。一根导线通上电流,在磁力的作用下转动。如果用很多导线,绕成线圈,通上很大的电流,在很强的磁场中,就可以产生很大的转动力,带动机器转动,这就是马达。有了马达,那些笨重的蒸汽机,林立的烟囱和漫天烟雾,就将退出历史舞台,全部的工农业生产,以致人们的生活就将改观。这将是多么美妙的前景啊!

相关链接

法拉第治学严谨刚正真诚

法拉第一生热爱真理，热爱人民，真诚质朴，作风严谨，他的感人事迹很多。

他说："一件事实，除非亲眼所见，我决不能认为自己已经掌握。""我必须使我的研究具有真正的实验性。"在1855年给化学家申拜因的信中说："我总是首先对自己采取严厉的批判态度，然

年轻的法拉第

法拉第实验场景

后才给别人以这样的机会。"在一次市哲学会的讲演中他指出:"自然哲学家应当是这样一些人:他愿意倾听每一种意见,却下定决心要自己做判断;他应当不被表面现象所迷惑,不对某一种假设有偏爱,不属于任何学派,在学术上不盲从大师;他应当重事不重人,真理应当是他的首要目标。如果有了这些品质,再加上勤勉,那么他确实可以有希望走进自然的圣殿。"他是这样说的,也确实是这样做的。

他在艰难困苦中选择科学为目标,就决心为追求真理而百折不回,义无反顾,不计名利,刚正不阿。他热爱人民,把纷至沓来的各种荣誉、奖状、证书藏之高阁，却经常走访贫苦教友的家庭，为穷人只有纸写的墓碑而浩然兴叹。他关心科学普及事业，愿更多的青少年奔向科学的殿堂。1826年他提议开设周五科普讲座，直到1862年退休他共主持过一百多次讲座，并积极参与皇家学院每年"圣诞节讲座"达19年。根据他的讲稿汇编出版了《蜡烛的故事》一书，被译为多种文字出版，是科普读物的典范。

他生活简朴，不尚华贵，以致有人到皇家学院实验室做实验时错把他当作守门的老头。1857年，皇家学会学术委员会一致决议聘请他担任皇家学会会长。对这一荣誉职务他再三拒绝。他说："我是一个普通人。如果我接受皇家学会希望加在我身上的荣誉，那么我就不能保证自己的诚实和正直，连一年也保证不了。"同样的理由，他谢绝了皇家学院的院长职务。当英王室准备授予他爵士称号时，他多次婉言谢绝说："法拉第出身平民，不想变成贵族。"他的好友对此做了很好的解释："在他的眼中看去，宫廷的华丽，和布赖顿高原上面的雷雨比较起来，算得什么；皇家的一切器具，和落日比较起来，又算得什么？所以说雷

电气文明时代的先驱 **法拉第**

雨和落日，是因为这些现象在他的心里，都可以挑起一种狂喜。在他这种人的心胸中，那些世俗的荣华快乐，当然没有价值了。""一方面可以得到十五万镑的财产，一方面是完全没有报酬的学问，要在这两者之间去选择一种。他却选定了第二种，遂穷困以终。"这就是这位铁匠的儿子、订书匠学徒的郑重选择。1867年8月25日法拉第逝世，墓碑上按照他的遗愿只刻有他的名字和出生年月。

后世的人们，选择了法拉作为电容的国际单位，以纪念这位伟大的物理学。

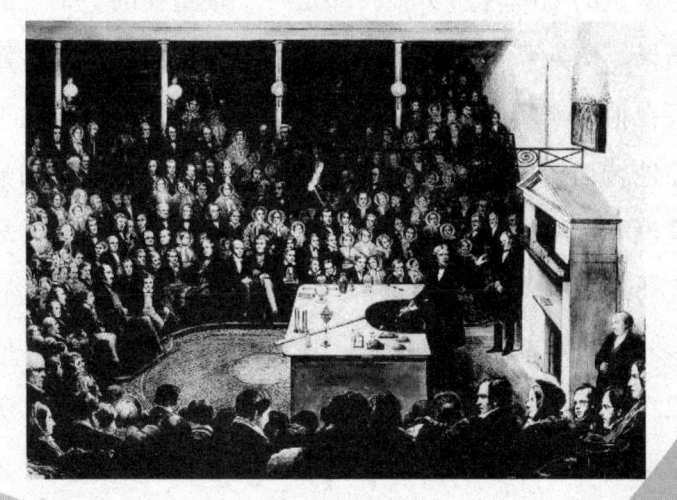

法拉第在讲课

"剽窃"风波

> 事实总会升起到人们的眼前,即使全世界的泥土压住它也是枉然。
> ——莎士比亚

法拉第在皇家学院已经工作 18 年了,到现在为止,他一直在研究氯的化合物,研究合金钢,做的都是一些辅助性工作。而 1821 年 9 月的 3 日和 4 日这两天他所做的电磁转动实验,却是一个很重要的不平常的结果。奥斯特、安培他们只是表演了磁力的存在,而现在他却实实在在地证实了这种磁力能使通电导线不停地转动。这是电磁学的又一次突破。沃拉斯顿和戴维没有成功,而他这样一个名不见经传的实验助手却成功了。

法拉第写了一篇报告,报道自己的实验结果。他想在报告中提一下沃拉斯顿的工作,还想说明一下沃拉斯顿的电磁转动实验和他自己的电转动实验有什么区别。法拉第带着报告手稿跑去找沃拉斯顿。不巧沃拉斯顿出去旅行了,戴维先生也不在伦敦。不征得他

们本人的同意，贸然引用他们失败的实验，这样是不是有些不妥当？法拉第考虑再三，决定还是不提沃拉斯顿的实验为好。他把报告寄给《科学季刊》，收拾收拾东西，就陪萨拉搭车去布赖顿海滨度假去了。

10月，在法拉第度假返回皇家学院后，他的那篇关于电磁转动的论文已经发表了。等待着他的不是赞扬，却是一片片风言风语。科学界的人都在说："法拉第'剽窃沃拉斯顿的研究成果'，有一篇论文，登在《科学季刊》上。唉，真没想到，这样有前途的青年人竟不顾脸面自甘堕落！"

起初，法拉第以为是发生了误会。他向人解释：沃拉斯顿的实验和他的实验是根本不同的。沃拉斯顿是想让通电导线绕着自己的轴转动，这是行不通的；而他是让通电导线绕着磁铁转动，这是成功了的。这是两种不同方法、技巧的实验，使用仪器不同，连理论解释也是不同的。

法拉第的解释，一点儿也没有用。人家才不管你是怎样转动的，只要转动就是了。因为在磁场中，通电导线会转动，这是沃拉斯顿最先预言的，法拉第只不过是做了个实验而已，就把功劳记在自己账上，拿去发表，这岂不叫剽窃！法拉第这个小小的实验员，也不跟沃拉斯顿先生打招呼就擅自闯入人家研究多年的领域。这种行为不叫剽窃吗！

这些蛮不讲理的风言风语使法拉第十分痛苦。这是他有生以来第一次，他的荣誉，他的人格受到怀疑

←法拉第

→ 法拉第的实验笔记

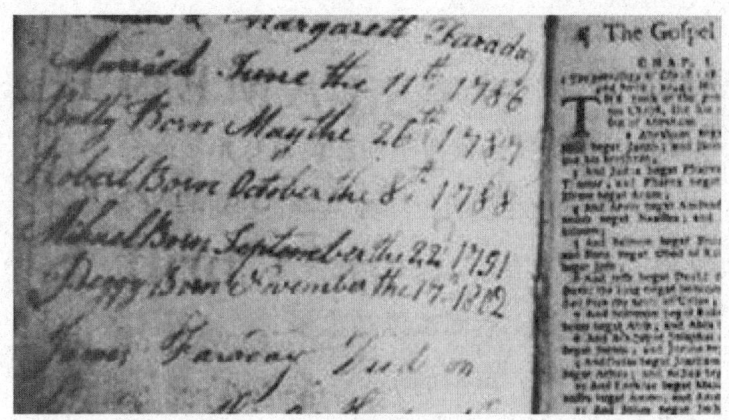

和玷污。他写信给一位一起搞研究的朋友向他解释，请求帮助，这位朋友在学术界相当有地位，在这件事情上本来是可以帮助法拉第的，可他不愿意介入纠纷。最后法拉第只能直接给沃拉斯顿写信向他解释这件事情。

沃拉斯顿先生是个性情温和、富有幽默感的人。十几年以前发现新元素钯的时候，他没有立即宣布，却隐姓埋名跑到皮卡迪利大街的一家首饰店里，贴出告示说出售新金属的样品。结果被一位法国化学家买去，法国人经过分析，发表声明说那不是什么新金属，只不过是铂汞合金。等法国同行闹出笑话以后，沃拉斯顿才正式宣布自己的新发现。现在外面传说纷纭。说法拉第剽窃了自己的研究成果，闯入自己的研究领域，心里不以为然，他对流言素不关心。接到法拉第寄来的信，他决定约法拉第见一次面。

第二天早晨，法拉第准时来到沃拉斯顿家里，法拉第的诚实和真挚给他留下了非常深刻的印象，从这次谈话后，沃拉斯顿博士和法拉第开始接近起来。

对于法拉第和沃拉斯顿之间的这桩纠纷，戴维作为第三者，知情人，又是电学研究的权威，由他来仲裁是最合适的，然而戴维却出于对法拉第的嫉妒，始终保持着沉默。可怕的沉默，有时比恶毒的语言更伤人。

多年来，法拉第对戴维这个恩师无限崇敬，一直依赖着他，伴随着他，虽然有时也有过不愉快的时候，

←安培表

电气文明时代的先驱 **法拉第**

→法拉第

但这些都没有影响戴维在法拉第眼中的伟人形象。然而这一次，戴维对法拉第的嫉妒，却使自己的偶像形象破碎了，法拉第在气恼时也暗暗地下了决心，不再研究电磁问题。有人说他闯进前辈科学家的研究领域，那他就退出好了。然而，他对电磁学的迷恋，却让他难以割舍。

1821年的圣诞节,法拉第又做成了一个电磁转动实验。这次他让通电导线在地球产生的磁场里转动。一根导线,通上电流转起来,把电池的正负极调换一下,导线又反转了。这个实验太奇妙了,法拉第又一次高兴得手舞足蹈。

圣诞节过后,沃拉斯顿到皇家学院实验室看法拉第做实验。老博士一面看,一面满意地点头。法拉第这个青年人,一眼看出通电导线不能自转,马上改做公转实验,他的眼光太锐利,头脑太敏捷了。他用水银把通电导线浮起来,这个办法简直太巧妙了。现在他又用地球的磁场代替磁棒,这个想法简直是太大胆了。沃拉斯顿看到法拉第有着丰富的想象力,且脚踏实地,埋头苦干,哪里是剽窃他人成果的人啊。老博士拍拍法拉第的肩膀,向他表示祝贺。法拉第说:"先生,我马上要发表一篇文章,报道通电导线在地磁场中心转动。请允许我提到您的工作。上一次没有写,那是我的疏忽,是我的错误。"

沃拉斯顿摇了摇头说:"我看不必了!"

"不,我一定要写!"法拉第说。

这桩公案就这样无声无息地消失了,但它并没有从法拉第的心上消失。他心灵上留下了一个创伤。他

电气文明时代的先驱 **法拉第**

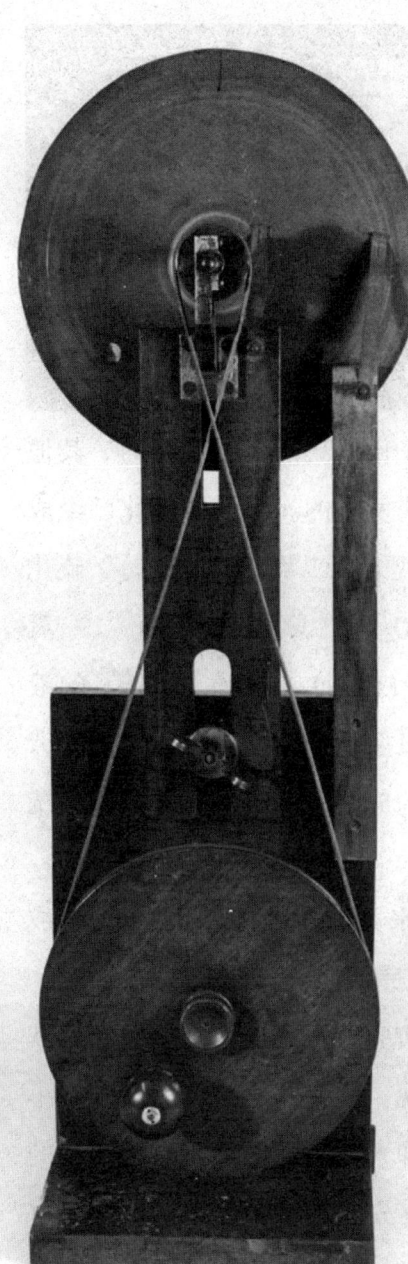

→ 实验工具

回过头去研究化学问题——合金钢、玻璃、氯气……

1823年3月，法拉第在氯气实验中，偶然地发现了液态氯气。他把自己的实验结果写成一篇论文《论液态氯》。3月13日将在皇家的讲坛上宣读这篇论文。按照当时的习惯，助手的研究报告和论文必须经过有关的教授过目审阅。法拉第很谦虚地请戴维为他的论文过目和审阅。可是这一回"过目"，却加了一段开场白，强调了戴维本人是这次研究工作的发起人。在结尾的地方，又加了一个很

科学家卷 069

长的注解，指出："不久以后能够在皇家学会阐发他的实验结果，并且提出这些实验的某些具体应用。"

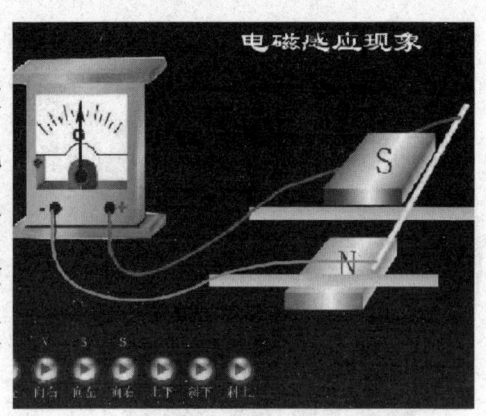

← 电磁感应现象

这样，不但氯气的液化方法是戴维发明的，其他气体的液化方法也都是他发明的。氯气的液化已经成功，这主要应该归功于戴维；二氧化硫（SO_2）、硫化氢（H_2S）、二氧化碳（CO_2）、二氧化氯（ClO_2）、一氧化二氮（N_2O）、氰化氢（HCN）和氨气（NH_3）的液化正在研究，将来成功以后，也应该记在戴维的功劳账上。法拉第已经取得的成就和即将取得的成就，统统都应归于戴维。

其实自从3月5日以来关于气体液化问题的一切成果，都是法拉第自己独立完成的。

1823年，法拉第在实验方面的新发现，引起了欧洲大陆各国科学界的重视，在皇家学院依然是一个小小的实验室助手，还要仰人鼻息，明明是自己发现的气体液化方法，却要记在别人的功劳账上；明明是自己发现的电磁转动，却被人指责为"剽窃"。法拉第的

电气文明时代的先驱 **法拉第**

←实验场面

朋友们决意要为他伸张正义,他们联络了29位皇家学会会员,联名提议法拉第为皇家学会会员候选人。带头签名的皇家学会会员,就是遭到法拉第"剽窃"的沃拉斯顿博士。

戴维听到这个消息勃然大怒。提名法拉第为皇家学会会员候选人,居然把他这个皇家学会会长、法拉第的老师、恩人排除在外。他的心里越发地嫉妒,决意取消他的候选人资格。

不久以后,法拉第征得沃拉斯顿博士的同意,发表了一篇文章,回顾了研究电磁转动问题的全部历史。这样,关于"剽窃"的疑团就烟消云散了。原来反对法拉第进入皇家学会的沃拉斯顿的朋友们,全部改变了态度。戴维成了孤家寡人,他只能采取拖延的办法,拖了半年,直到1824年1月8日才举行选举。法拉第当选了。只有一张反对票。皇家学会会员的选举是无记名投票,但是,这一次每个人都清楚,是谁投了反对票。

同一年，法拉第在《科学季刊》上发表一篇文章，提出早在十几年以前氯气就曾经被液化过，并引证了名叫诺思莫的英国化学家在1805年至1806年间所做过的实验。这篇文章的发表，对于戴维抢夺氯气液化法的发明权给予了有力的回击。法拉第与戴维的这场争端，最后，以法拉第的胜利和戴维的失败而告终。

自此以后，法拉第谢绝各种社会活动，埋头于实验室工作。1825年4月，他发现了一种新的液态物质，并取名为"重碳化氢"。当时并没有引起重视，9年以后，德国化学家米彻利希（1794—1863）研究了"重碳化氢"的各种衍生物，并且建议把它叫作"苯"。这才引起世界各国有机化学家的重视。1856年，18岁的英国青年化学家柏琴（1838—1907）发现苯胺紫染料，

← 法拉第讲课

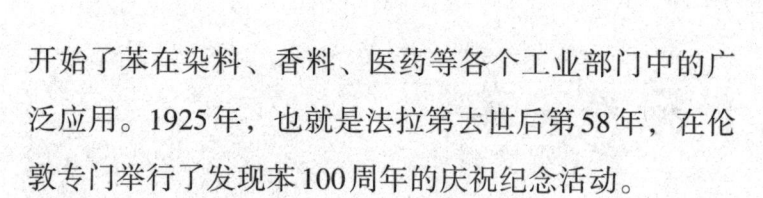

开始了苯在染料、香料、医药等各个工业部门中的广泛应用。1925年，也就是法拉第去世后第58年，在伦敦专门举行了发现苯100周年的庆祝纪念活动。

法拉第的不少发明和发现都是在许多年以后才得以应用的。1829年他的《论光学玻璃的制造》的演讲，在皇家学会的贝克讲座上讲演。而这种光学玻璃，直到1845年在他发现磁致旋光效应的时候才真正被应用。1931年在庆祝法拉第发现电磁感应100周年时，一位著名的冶金学家在皇家学院实验室里观察法拉第试制的各种各样的合金钢样品时，惊讶地发现，一个重要的新发明在地下实验室里沉睡了一个多世纪，那就是一种"不锈钢"。

1825年2月7日，法拉第被任命为皇家学院实验室主任。

1829年5月29日戴维在日内瓦去世。在戴维去世前半年，沃拉斯顿也去世了。两位电磁学权威相继过世，似乎为法拉第重新进入电磁学领域扫清了障碍：再也不会有人攻击他侵入别人的地盘，他也不必再避嫌了。法拉第又回到了当初最钟爱的电学研究。

相关链接

法拉第的力场概念改变了人类文明

力场的概念出自19世纪伟大的英国科学家迈克尔·法拉第的研究。

法拉第出生于工人家庭，在19世纪初长期靠当装订工人学徒勉强维持生计。年轻的法拉第为两种新力量的神秘性质被揭开而带来的巨大突破而着迷。这两种新力量是：电和磁。法拉第贪婪地尽一切所能来学习与这些问题相关的知识，并参加了伦敦皇家学院汉弗莱·戴维教授的讲座。

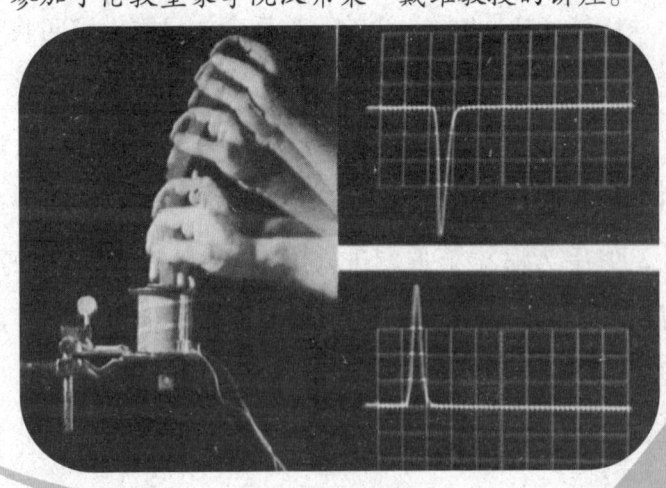

电磁感应现象

电气文明时代的先驱　**法拉第**

一天，戴维教授因眼睛在一次化学事故中严重受伤，于是他雇用法拉第当了他的秘书。法拉第渐渐取得了皇家学院科学家们的信任，并且被允许独立操作重要的实验，尽管他常常受到冷落。年复一年，戴维教授越来越嫉妒他年轻的助手所表现出的杰出能力。法拉第已经成了实验圈子里冉冉上升的新星，最终使戴维教授的名声黯然失色。1829年，戴维去世后，法拉第得以自由地做出一系列惊人的突破，导致了发电机的产生。发电机能够为整个城市提供能源，并改变了世界文明的进程。

法拉第最伟大发现的关键是他提出的"力场"。如果有人将铁屑洒在一块磁铁上，他会发现铁屑将呈现一种充满整个空间的蜘蛛网状。这就是法拉第的力线，以图形的形式描绘出了电和磁的力场在空间如何散布。举例来说，如果有人绘出整个地球的磁场，他会发现力线从N极地区伸出，然后在S极地区落回到地球上。同样的，如果有人画出雷阵雨中一枚避雷针的电场线，他会发现力线集中在避雷针的尖端。在法拉第看来，"空的空间"其实根本不是空的，而是充斥着能使遥远的物体移动的力线（由于法拉第早年穷困，未能接受足够的数学教育，因此他的笔记本中密密麻麻的不是等式，而是这些力线的手绘图表。数学训练的不足使他创造了如今物理课本中美丽的力线图表。从科学上来说，物理图像通常比用来对其进行描述的数学语言更为重要）。

历史学家推测过法拉第是如何发现力场的，它是所有科学中最重要的概念之一。事实上，全部的现代物理学都是用法拉第的力场语言写就的。在1831年，他做出了关于力场的关键性突破，永远改变了人类文明。一天，他正将一块孩子的磁铁移过一个金属线圈时，他甚至没有碰到电线就得以在金属线里制造了一股电流。这意味着磁铁不可见的场可以推动电线中的电子穿越"空的空间"，产生电流。

法拉第的力场曾经被视为毫无用处，是无所事事的随意涂鸦，但它是真实的、物质的力量，可以移动物体并产生能源。今天，你阅读这一页文字所依赖的光线或许就是由法拉第关于电磁学的发现而点亮的。一块转动的磁铁会制造力场，推动一根电线中的电子，使它们以电流的形式移动，其后，这股电线中的电力可以点亮一盏灯泡。与此同样的原理被用于生产给全世界城市提供能量的电力。比如，水流过一个大坝，在一个涡轮机中产生巨大的磁力进行转动，这个涡轮机随后再推动电线中的电子，形成一股电流，通过高压电线输送到用户。

换言之，迈克尔·法拉第的力场是驱动现代文明的动力，从电动推土机到如今的计算机、互联网都源于力场的发现。

电阻圈

不懈地追求

> 一种事业所以能有特殊的超卓的成绩,全恃从事者能以满腔热忱全副精力赴之。
> ——邹韬奋

英国皇家学院自创办以来,一直也没有摆脱过经济拮据的尴尬局面。开始靠戴维的通俗化学讲座维持,1812年戴维辞去讲席,捐助数目锐减,皇家学院险些破产。1815年布兰德担任化学讲演,但他的讲演缺乏征服力,无人愿为其慷慨解囊,皇家学院只能靠借债过日子。从20年代开始,皇家学院能够支撑下去,法拉第这个小小的实验室助手是有功的。法拉第以他那非凡的化学实验本领招来了一些工业家,这些在工业革命的浪潮中发了财的财主们,拿来他们新生产的产品,请法拉第分析、鉴定;碰到生产中的技术难题,也跑来请教法拉第。这类技术性的咨询顾问工作报酬很丰厚,不过法拉第挣来的钱,大部分都归了皇家学院的司库。

电气文明时代的先驱 **法拉第**

1821年到1831年，整整10年，法拉第几乎没有从事什么电磁学的研究，但他心里一直惦记着把磁转化成电的问题。1820年，奥斯特的实验证明：通电流的导线能使磁针偏转。这给法拉第两个启示：一是通电导线既然对磁铁有影响，反过来磁铁当然也应该对通电导线有影响，这一点，法拉第在电磁转动实验中已经证实了。二是在奥斯特实验中，通电流的导线所以能使磁针偏转，是因为电流产生了磁，既然电流能够产生磁，那么反过来磁当然也应该能够产生电流。这点正是法拉第所想实现的。从1824年到1828年，法拉第做了4次尝试，全都失败了。但他一直也没有放弃。

1825年，一位皮鞋匠出身的英国电学研究家斯特

科学家卷 079

詹发明了电磁铁。不久以后，在大西洋对岸的纽约州，一位钟表学徒出身的青年物理学家亨利改进了斯特詹的电磁铁。这些给了法拉第很大的启示，他日复一日不断地进行着各种试验。在他的口袋里装满了磁铁、导线和导线绕成的线圈。金属导线一通电流就产生磁场，绕着导线的铁块一通电流便成为磁铁，但如何通过磁铁使导线中产生出电流来呢？

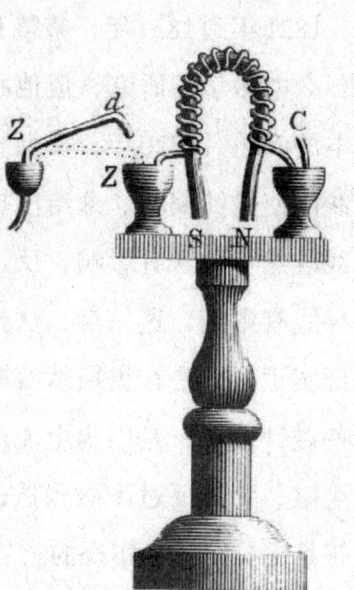

  他将磁铁置于铜丝绕成的线圈中，线圈中没有电流产生。将一根通电导线挨近一根未通电流的导线时，后者也没有电流流通。他调换了各种形状的磁铁，变换了磁铁与导线或线圈的相对位置，所有这一切做法都未能使导线中出现电流。

  失败一个接着一个，挫折和失败不断地袭击着他。每次实验前激起的新的成功希望，犹如飘浮在阳光下闪烁的美丽肥皂泡，在试验的结果面前很快破灭。

  年复一年，花开花落，失败并没有动摇法拉第的决心，时间也没有磨灭他转磁为电的信念。他坚毅地忍受着失败带来的痛苦，继续坚持实验，细心观察。经过10年艰苦的努力，法拉第的崇高理想终于实现了。

1831年10月17日是个难忘的日子。那天法拉第像往常一样专心进行着转磁为电的实验。他准备了一根22厘米长、2.2厘米粗的圆形磁铁棒，另外又将67米长的铜丝绕在一个空圆筒上，铜丝末端连接着一个电流计。法拉第将磁棒一端挨近线圈，这时电流计的指针像以往千百次实验时显示的那样，纹丝不动。法拉第无意中将磁棒迅速地插入线圈筒时，突然，奇迹出现了——电流计的指针摆动了一下。这是他10年来日思夜想的现象。法拉第惊住了，感到这个成功似乎来得太突然了。当他不由自主地急忙将磁铁棒从线圈筒中抽出来时，电流计的指针又向反方向摆动了一下。

多次反复的实验都显示了相同的现象。毫无疑问，在线圈中一定产生了电动势，因而才能有电流流动。而且电流的方向随磁棒的插入或抽出而改变。

此时此刻，他完全忘掉了10年来无数次失败带给他的痛苦和折磨，高兴地在实验室里乱蹦乱跳起来。

法拉第转磁为电实验的成功向世界昭示了电学发展的广阔前景。

为什么以前许多人所进行类似的实验都没有成功呢？为什么自己多年来反复的实验都没有产生电流，而这一次偏偏却成功了呢？法拉第冥思苦想，终于找出了答案：运动产生电流。

以前实验时，磁铁对铜导线或线圈是不运动的，所有的实验都是在静止条件下进行的，但这一次却发现，只有当磁铁插入线圈或从线圈中抽出的一瞬间，才有电流产生（法拉第把此电流称为感生电流——由感应产生的电流，而把产生感生电流的电动势叫作感生电动势）。

接着他发现，不管是将磁铁插入到线圈内（线圈静置不动），还是将线圈套到静置的磁铁上，只要二者之中有一个以一定方式运动，就有感生电流产生。因此，他得出了"要磁转化为电，运动是必要条件"的结论。

电气文明时代的先驱 **法拉第**

　　为什么运动是产生感生电流的必要条件呢？感生电动势的感生电流的大小，以及方向是否与运动方式有关呢？

　　通过无数次的实验验证和分析，法拉第总结出感生电流的产生规律——"只有当导线在磁场里作切割磁力线的运动时，线路（闭合电路）中才有感生电流产生"。

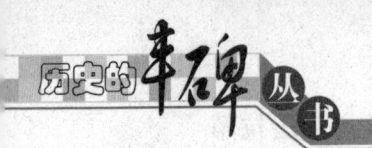

法拉第还发现，导线切割磁力线的速度愈快，导线或线圈中产生的感生电动势也愈大；切割磁力线的方向不同，产生的感生电动势方向（或感生电流方向）也不同。

法拉第将上述的结果和发现总结成定律，这就是著名的"电磁感应定律"。

电磁感应定律不仅揭示了电磁之间作用的规律，更重要的是它给人们以启示：只要我们持续不断地使线圈在磁场中做切割磁力线的运动，或者使磁铁相对于线圈做运动，就能够产生出电能来。电磁感应是法拉第在1831年发现的，因此有人把这一年称作电气时代的纪元年。但是电真正登上人类的生产和生活舞台，却是许多年以后的事情。那是因为当时工业和技术条

件还没有成熟，蒸汽机、火车、轮船刚刚出现，英国正在进行工业革命，目标是用蒸汽的力量代替肌肉的力量，在这个时候，谁能顾得上那种神秘莫测的电呢？不过，如果法拉第致力于自己的新发现获得工业上的应用，那么电也许会早几年登上生产和生活的舞台，法拉第也许会成为科学家兼工业家。但法拉第却把这些事情留给别人去做了。他从1831年起从事纯粹的科学研究：从各个角度探讨电、磁、光……探索新的现象，寻找新的规律。把这些成果汇编在《电学实验研究》中，这部巨著凝聚着一位科学家的毕生心血，是一位科学家留给后世最宝贵的遗产。

《电学实验研究》是从1839年到1855年分三卷出版的。第一卷第一篇就是讨论电磁感应的论文。这篇论文法拉第曾于1831年11月20日在皇家学会上宣读过。全文从头到尾是典型的法拉第风格：内容分条叙述，语言简洁清新。一条条读下去，一幅幅实验图画就活生生地呈现，可以照着它去做实验，会从中得到启示，展开联想，一个个新的发明、新的创造就会应运而生。

维多利亚女王时代的英国发明家的实验室里都少不了《电学实验研究》，其中获益最大的要算是一位名叫爱迪生的美国青年。1868年，法拉第去世一年后，

爱迪生在波士顿的旧书摊上买到几本残缺不全的法拉第著作，其中就有《电学实验研究》。爱迪生后来发现，这是他一生最大的收益。爱迪生正是从这一个个的电学实验出发，发明了至今人们广为使用且实用的各种电器。

←爱迪生

相关链接

法拉第名言

希望你们年轻的一代,也能像蜡烛为人照明那样,有一分热,发一分光,忠诚而脚踏实地地为人类伟大的事业贡献自己的力量。

一旦科学插上幻想的翅膀,它就能赢得胜利。

我不能说我不珍视这些荣誉,并且我承认它很有价值,不过我却从来不曾为追求这些荣誉而工作。

拼命去争取成功，但不要期望一定会成功。

科学家不应是个人的崇拜者，而应当是事物的崇拜者。真理的探求应是他唯一的目标。

爱情既是友谊的代名词，又是我们为共同的事业而奋斗的可靠保证，爱情是人生的良伴，你和心爱的女子同床共眠是因为共同的理想把两颗心紧紧系在一起。

只有无知，没有不满。

创立电解定律

> 所有坚韧不拔的努力迟早会取得报酬的。
> ——安格尔

1833年,42岁的法拉第完成了另一项意义巨大的、横跨化学和电学两大领域的工作——创立了电解定律。这个定律不仅为后来的"电化学"这门新兴学科的兴起开辟了道路,而且将半个多世纪后才被人们发现的电子模型隐约地呈现在人们的面前。

促使法拉第研究电解现象和导致发现电解定律的,是有关"电"的一些问题。

电是什么?物质是什么?电、物质结构和化学变化之间又有什么关系?关于这些问题,众说纷纭,争论不休。有人主张电是物质微粒的一种振动,就像热那样;有人认为电就是一种微粒,就像原子那样;有人提出电是流体,而在主张电是流体的人当中,又有人主张只有一种流体,有人主张是两种流体。居住在罗马的德国青年学者格罗图斯提出一种假说:认为产

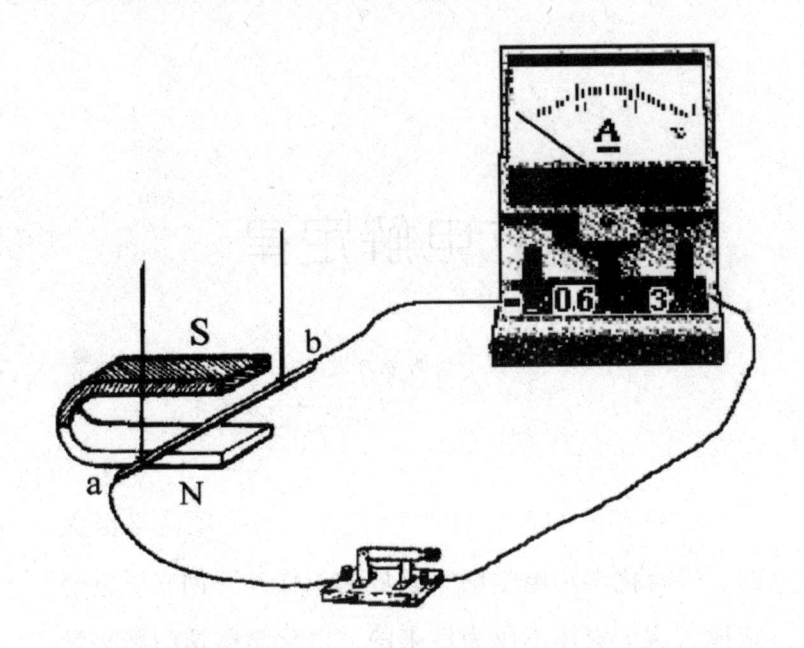

生伏打电的伏打堆实际上是个电磁铁；戴维主张电是分子不可分离的一部分；安培提出有分子电流存在，他用分子电流来解释磁铁的磁性，但认为分子电流的电量是"组成分子的原子分解以外的产物"；德拉里弗却又主张电和物质是两种不同的东西，是可以各自独立存在的……

电、分子、化学变化的内部机制，这些都是微观现象，是不能直接观察的，我们能够观察到的只有宏观现象，要从宏观的观察结果去推断微观的结构，这是很困难的事，难免会出现种种错误和混乱。1832年，法拉第开始从事电化学研究的时候，面临的正是这种

电气文明时代的先驱 **法拉第**

真理和谬误纠缠在一起的难分难辨的局面。法拉第了解各家的意见，进行鉴别比较；对于每一家的理论，分别设计一些实验，来检验理论的真伪和价值。对于自己的想法，法拉第也用一个个实验来决定是否可取。

经过许多可笑的弯路、经过一次次碰钉子，才有可能找到一条正确的路。法拉第最后终于找到了研究电化学规律的办法——称量电极上析出的物质重量，把它和流过电极的电量进行比较。过去很少有人做定量的实验，法拉第不仅做了，而且做得很精确，所以取得了成功，总结出两条电解定律，称为法拉第电解定律。

电解定律的要点可以概括为——电解时在电极上分离出来的物质质量与通电的电量和该物质的化学当量成正比。如果我们用 m 表示电极上分离出来的某物

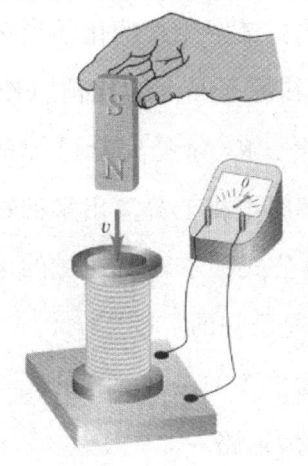

← 电子

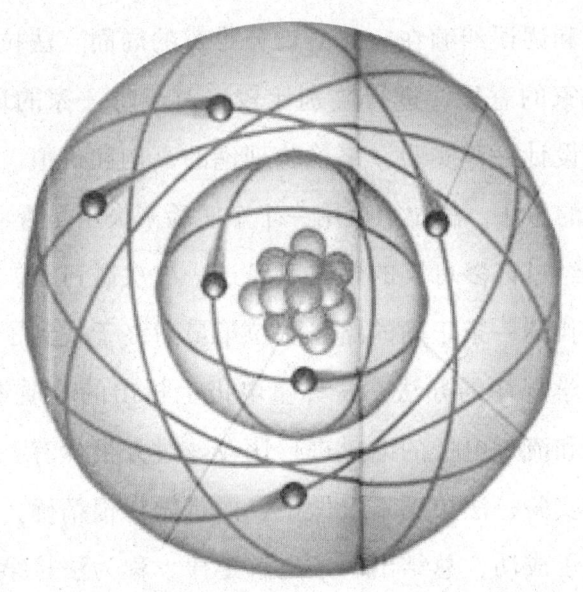

质质量，Q代表电解时通过的电量，K表示电解分离物质的化学当量，那么电解定律可用以下公式表示：m=1FKQ。其中F是一个已知的常数，称为法拉第常数。对于所有的物质（元素），F大小是相同的。

由化学的最基本知识可知，某一元素的化学当量K就是该元素的原子量A与其原子价n的比值（K=An）。对于某一个确定的元素，K=An是完全已知的量，因此我们只要知道了电解时电极上分离出来的物质质量m，就可由m=1F·AnQ公式，求得所通过的电量Q了（因现在公式中1F·An是已知的常量）。

电解定律的创立具有更为重要的意义，它的光芒照亮了半个世纪后电子论的发展道路。

电气文明时代的先驱 **法拉第**

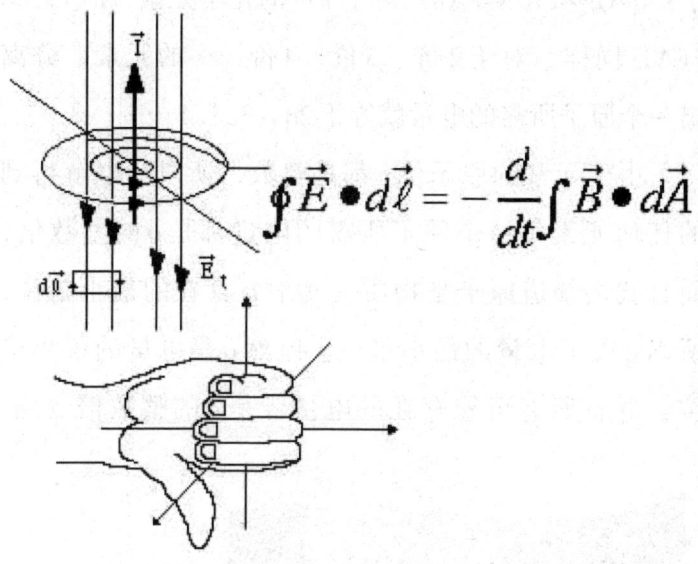

$$\oint \vec{E} \cdot d\vec{l} = -\frac{d}{dt}\int \vec{B} \cdot d\vec{A}$$

→ 法拉第定理

电解定律的公式为 m=1F·AnQ。如果，我们要从电极上电解分离出 An 克质量的元素，即 m=An 克，那么由 m=1F·AnQ 公式可知，所需要的电量 Q 就等于 F（即 Q=F）。这就是说，当用电解法分离出 m=An 克任何元素时，所需的电量 Q 皆是相等的，即等于法拉第常数 F。

化学的基本知识还告诉我们：在任何质量等于 An 克元素中，它所包含的原子数目 N 是一定的。而且只与该元素的原子价 n 有关，并且 N=An。其中 A 是已知的常数（称为阿伏伽德罗常数）。也就是说，任何质量等于 An 克的元素，它所包含的原子个数为 N=An 个。

这样，电解分离出一个原子所需要的电量 q 就等

科学家卷 093

于：q=QN=FA/n=FAn。对于1价的化学元素（n=1），q=FA；同样，对于2价、3价、4价……的元素，分离出一个原子所需的电量就等于2q、3q、4q……

由于元素的原子价n都是整数，所以从电解得到的任何元素每一个原子所需的电量都是q的整数倍，而且我们知道原子是物质（元素）存在的最小单位，所以q成了电量的最小单位。既然q是电量的最小单位，并且所有可能存在的电量皆是q的整数倍（1q、

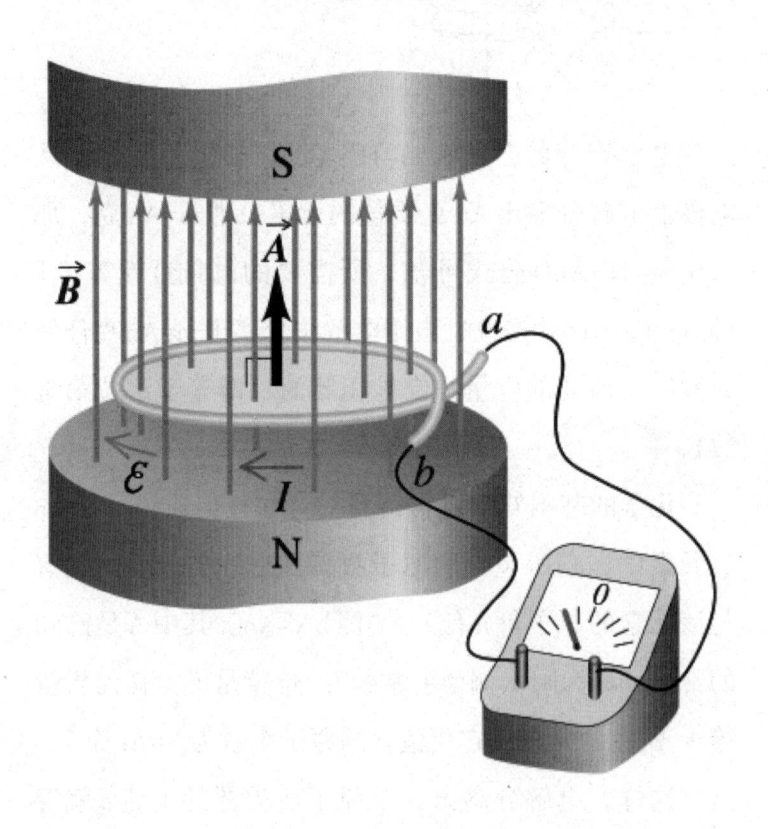

电气文明时代的先驱 **法拉第**

→ 地球磁场

2q、3q、4q……），那么就清楚地表明：电量并不是连续可变的，而是呈现q、2q、3q……阶梯式的变化。这给人们以启示：电荷只能以一个个粒子的形式存在，正像原子一个个地存在那样。

因此电解定律从实验上启示了电的原子的存在，为近代电子论的创立提供了强有力的实验证据。

64年后的1897年，汤姆生在他的实验中发现了这种"电的原子"——电子的存在。1911年，美国物理学家密立根花了35年的时间，成功地测得电子所带电荷e的精确数值；这个e就是从电解定律导出的最小电量单位q。

这样，从法拉第发现电解定律，并由这个定律启

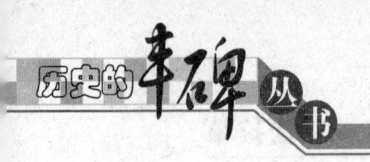

示电子的存在,一直到1911年人们完全抓住它和搞清楚它的性质,前后经过了几代科学家艰苦的努力和将近八十年的时间。

自然科学上的许多重大发现,在当时往往并不知道它的重大价值,但日后却愈益显示出其明亮的光辉。当法拉第创立电解定律时,他本人并未意识到这个定律会给电的原子学说提供的依据,但他的后继者麦克斯韦却一眼觉察到电解定律的"额外"价值。他指出:从电解定律可以推导出电的分子概念(到19世纪80年代,亥姆霍兹正式提出了电的原子概念)。

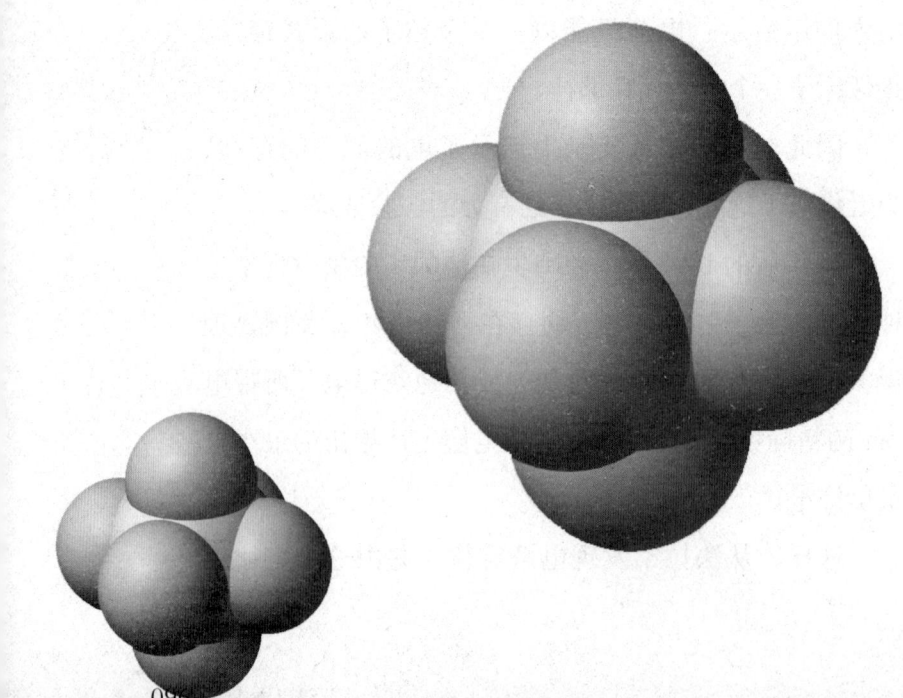

←电子

电气文明时代的先驱 **法拉第**

电磁场理论的先驱

> 应该让别人的生活因为有了你的生存而更加美好。
> ——茨尔巴

法拉第在电磁作用的媒质见解方面显示了他的真知灼见。法拉第在电磁场理论的成就可以说是麦克斯韦光辉的电磁场理论的梯子。

电荷与电荷的相互作用，磁对磁的相互作用以及磁和电的相互作用，都表明有一种电磁作用力的存在。那么这种电磁作用力是不是通过媒质传递呢？这一问题使19世纪的科学界发生混乱。

我们平常看到两个物体相互作用，要么是由于两者接触，要么是通过第三者做媒质传递。比如，帆船能够扬帆疾驶，那是由于风力直接作用到船帆的缘故。

但是也有另一种看法是不需要传递媒质的作用力，如万有引力。那么电磁作用究竟属于哪一种呢？

法拉第提出电力和磁力是以振动方式传播的，并且认为这种振动是以有限速度传播的。

法拉第塑像

当时的许多学者，包括某些在电磁学发展上曾做出卓越贡献的科学家，如安培、高斯等人，他们沿用牛顿万有引力的方法，提出了电磁作用的"超距""超时"理论。牛顿安培派否认法拉第的力线和场，把法拉第的电磁感应纳入他们的超距作用的轨道，使得法拉第许多有远见卓识的论文受到冷落。

力线、力线的振动、场……法拉第这些自然哲学思想，一般没有数学修养的物理学家是看不上眼的，然而却有两位年轻的数学物理学家，被法拉第的思想给吸引住了。一个是汤姆生，另一个是麦克斯韦。

1845年，21岁的汤姆生见到了法拉第。汤姆生敬仰这位实验大师。他们由此建立起了联系并开始讨论电介质的有关问题，主要讨论的是光与磁的关系。

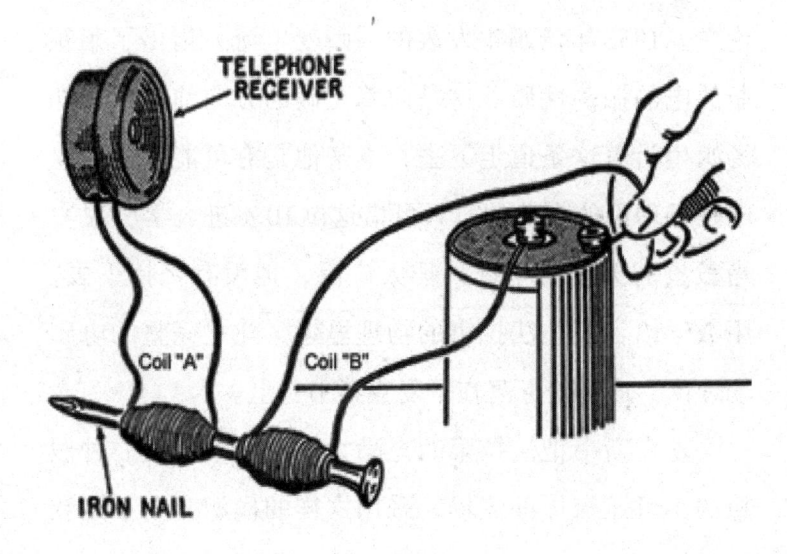

← 汤姆生

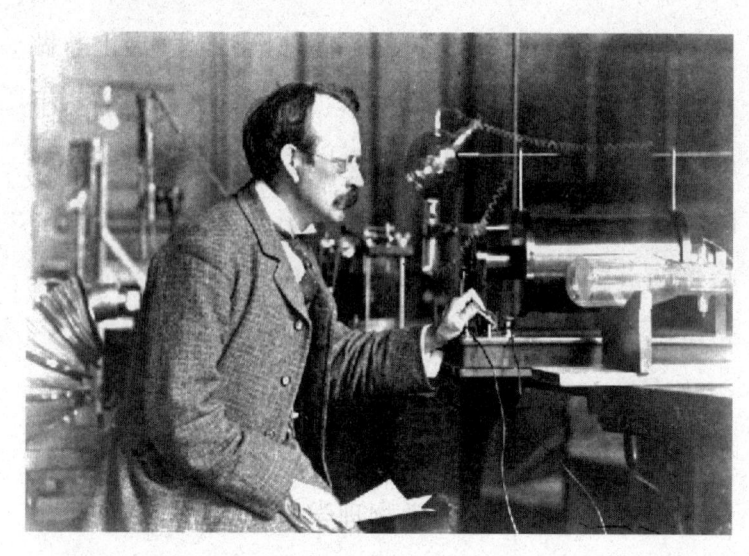

1822年，法拉第曾经研究过这个问题，当时没有结果，相隔二十多年后，法拉第重新寻找光和电磁的关系。这次法拉第获得了成功，发现了磁致旋光效应和抗磁性现象。后来，汤姆生也发表了几篇关于电磁问题的论文。1853年汤姆生发表的《瞬变电流》指出了莱顿瓶放电的振荡性质。这是向着正确的方向前进。假如汤姆生沿着这条道走下去，本来他是有可能完成创立电磁场理论的大业的，只可惜这位10岁进大学、22岁当教授的天才科学家兴趣太广泛，他没有坚持下去。用数学语言表述法拉第的物理思想，建立完整的电磁场理论，这个任务落在了麦克斯韦身上。

麦克斯韦把法拉第的充满力线的场，比做一种假想的不可压流体的流场。采用这样的模型有利于用数

电气文明时代的先驱 **法拉第**

学手段描述磁力线,并写了《论法拉第的力线》。1860年秋天,麦克斯韦前去拜访法拉第。向这位30年来电磁学发展的核心人物致敬,是麦克斯韦的夙愿。

麦克斯韦与法拉第的相会,在物理学史上具有重大意义,它象征着实验与理论的结合,电磁学即将腾飞了。

→ 麦克斯韦

一个是实验巨匠，一个是数学高手。一个善于运用直觉、把握住物理现象的本质，设计巧妙的实验，观察、记录、归纳，把握住物理现象的本质。一个擅长建立数学模型，运用数学技巧、演绎、分析、提高。如果两人的特点集合起来，那就是一个理想的物理学家。现在他们确实会集在一起了。他们都坚信场的物质性，反对牛顿的超距作用；他们的目标是一致的，那就是要建立一个全新的、不从属于牛顿自然哲学体系的电磁学理论。

实际上，法拉第为场论已经做了许多基础性的工作。当麦克斯韦出生的时候，法拉第已经紧张地做电磁感应实验了。法拉第发现，将磁棒插入或者拔出线圈，拿导线在磁场中去切割磁力线，都能产生感应电流。电流是由电场引起的，所以法拉第发现的电磁感应现象可以归纳为一句话——变化的磁场能激发电场。那么反过来，变化的电场能不能激发磁场呢？法拉第发现电磁感应是由实验目睹了激发出来的电场，麦克斯韦提出变化电场会产生磁场完全由于理论分析。这样磁生电，电生磁，从而产生电磁波。

麦克斯韦在此基础上建立了电磁场理论。但他非常尊重法拉第。下面是麦克斯韦在法拉第去世以后写的：

电气文明时代的先驱 **法拉第**

法拉第的墓碑

"经过将近半个世纪的劳动，我们可以知道，虽然法拉第的发现的实际应用在范围和价值两方面都已经增大，而且每年都在增大，但是法拉第所给出的这些定理的表述，从未发现有例外的不适用的情况，也没有新的定律增加进去，法拉第的原始表述，至今天仍是独一无二的，他所说的一切全都能用实验证实，只有用那样的表述，现象的理论才能讲得准确，在数量关系上保持精确，同时又不超出初等讲述方法的范围。"

　　遗憾的是，法拉第本人没有看到电磁场理论的胜利。就连麦克斯韦也没看到。

　　历史是要留给后代来写的。1887年的一天，在一间蒙得漆黑的实验室里，德国青年物理学家赫兹正在用实验验证麦克斯韦的电磁场理论。他在两个金属小球上接上高压交流电，"吱——吱——"，小球中间跳过了电火花。如果麦克斯韦的理论是正确的，这时应该有电磁波被接收器接收到——那也是两个金属小球，中间用一根弯成环形的粗铜丝连接。他调整距离、方向，忽然"吱——吱——"，接收器的两个小球之间也跳过了一个很小的蓝色火花。能量跃过空间，这就是电磁波！电磁波就这样被捉住了。赫兹测定了电磁波的频率及波长。

电气文明时代的先驱　**法拉第**

← 赫兹

由法拉第到麦克斯韦再到赫兹，它经历了一个实验——理论——再实验的过程，这也是场论发展的道路，也是场论所以成功的原因。

爱因斯坦在法拉第发现电磁感应100周年时写下了这样的话：

"我相信，从法拉第的电磁场概念中，后世仍旧可以学到许多东西，一点也不比前人已经学到的少。"由此我们可以看出法拉第在场论理论方面的贡献究竟有多大。

目前公认的认识是法拉第的见解为后人创立系统、完整的电磁场理论开阔了道路。虽然他没能系统地完成电磁理论，但单凭他在这一方面的贡献就足以使他成为19世纪最伟大的科学家之一。他迈出的可贵的步伐，使他成为一个伟大的先驱。

20世纪最伟大的理论物理学家爱因斯坦称法拉第推动了物理学的第二次革命。

不朽的功绩科学家的楷模

> 科学需要人的全部生命。
> ——巴甫洛夫

法拉第发现电磁感应现象和创立电磁感应定理之后,电力大门的锁链打开了,世界上随即涌现出许多有才能的发明家和敢于创新的能工巧匠,他们相继向电学进军,从而为人类创造出一个电气文明的时代。

发电机和电动机相继产生了;大地上电杆林立,天空中电线密布,犹如一个巨型的蛛网;电话、电灯、电报、电影,以及各种电气设备等,一件接着一件地出现了,把整个世界装点得绚丽多姿。

电学成为最热门的科学,与电有关的工业成为最富有竞争实力的行业,于是也成了商人和企业家竞相投资从而获得高额利润的行业。

1931年10月17日是法拉第发现电磁感应定理100周年纪念日。历史往往像一个老练的编剧或导演,它将世界上的某些事情作了戏剧性的安排。就在人们纪

电气文明时代的先驱 **法拉第**

念法拉第发现电磁感应定理100周年纪念日的夜里,著名发明家爱迪生离开了人世。当时人们建议美国全国停电几分钟以示纪念时,竟发现停电数分钟已经是不可能实现的事了。人类时刻不能离开电这一事实本身,不正是对法拉第等伟大人物真正的称颂吗?

　　法拉第在世的时期正是电学蓬勃发展的时期,是诞生电学巨人的时代。产业革命后的英国正处在科学技术和工业发展的最前列。法拉第生活在这样一个发明创造层出不穷的时代,他的才能和毅力正适应了时代的需要:他伟大的、划时代的创造和多方面的成就,即是他个人勤奋的结晶,也是那个时代的必然产物。

法拉第的才能表现在许多方面,他的成就也是多方面的。他的才能和成就,返本归源,是来自他非凡的勤奋和坚强的毅力,而这种勤奋和毅力又源出自他对科学的真正热爱。

自从法拉第1813年进入皇家学院后,他研究的领域十分宽广,涉及化学、电学、磁学、光学、气体放电、电机和玻璃制造技术。他一接触科学,就激情昂扬,充满斗志;科学一经法拉第的手,就硕果累累。下面我们列举其部分重大的、意义深远的发现、创造或发明:

1815年——发明矿井用安全灯;

1821年——发明通电流导线绕磁铁旋转现象;

1824年——从煤气中提炼石油醚成功;

1831年——创立电磁感应定理;

1832年——得出各种不同来源的电,其本质皆相同的结论;

1832年——提出电力与磁力传播的新概念;

1833年——创立电解定律;

1833年——发明计量计;

电气文明时代的先驱　**法拉第**

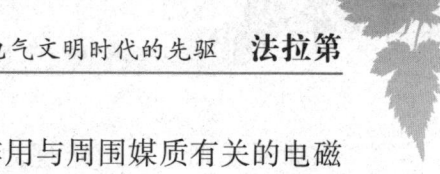

1838年——提出电磁作用与周围媒质有关的电磁场概念；

1843年——发现法拉第效应；

1843年——发现顺磁和反磁物质。

上述这些成就是法拉第勤奋、汗水、耐心和毅力的结晶，也是他经历无数次失败后才获得的。

曾有一些人把法拉第仅仅看成是长于实验、精于制作的能工巧匠，这是不正确的。诚然，法拉第不是像麦克斯韦和爱因斯坦那种类型的理论物理学家，更不是昂首寄希望于未来的空谈家，而是一个思勤手巧，总想进行实地试验的实验物理学家。几十年中，他在错综复杂的实验迷宫里，驰骋纵横，得心应手地进行实验；但同时他又是一位具有丰富想象力的科学家。

他善于抓住事物的根底，从中向有关的纵深方向演绎开去，连贯成鲜明又形象的思想线索。他用电力线和磁力线来形象地说明电磁场，正是他明邃的观察力和丰富的想象力相结合的结果。

此外，对电磁作用的"超距"、"超时"等流行的假说，法拉第敢于对"权威"的结论见疑，扬起新的风帆，启引后来者去探索新的江流，这更是他科学思想的反映。

法拉第对物理学新理论进展所起的推动作用，也

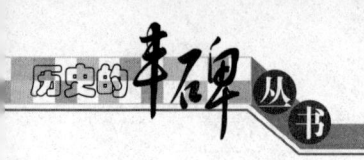

将永垂史册。电解定理为电化学这门新兴学科奠定了基础；它的光芒照亮了以后电子论的发展道路。法拉第关于电磁场的见解是完整的麦克斯韦电磁理论的萌芽。

17世纪，牛顿站在笛卡儿、伽利略等科学巨人的肩膀上完成了物理学的第一次革命，现在法拉第和麦克斯韦又推动了物理学的第二次革命，这次革命总结了电磁规律，并随之兴起了电工学、电动力学、无线电电子学和电化学等新的学科，从而播下了20世纪初开始的第三次革命的火种。

法拉第的一生是不平凡的一生。

过度的辛苦，长期的紧张和极为刻板的科学生涯，使法拉第过早地进入衰老期。

他走过了一条崎岖不平、备尝艰辛的道路。打从

他懂事的孩提时期起，就在艰难困苦的环境中为生活而挣扎。

生活环境使他深感时间的宝贵。为追求科学的真谛，他终日沉浸在书本、实验、公式、定律、数字和概念中，永不停息地寻求问题的答案，从不让时间白白浪费。

法拉第时常想起过去的事，想起他向往、奋斗、追求和获得的成功。

对法拉第来讲，踏上科学的征途，攀登科学的高峰要比一般科学家们付出更多的艰辛和劳动。与其他几位推动物理学革命的科学人物相比，牛顿受过完备的教育；麦克斯韦毕业于赫赫有名的剑桥大学；爱因斯坦毕业于苏黎世联邦工业大学；法拉第呢，不过是一个从未上过正式学校的订书徒工。1813年他有机会到实验室去当助手也不算是什么很好的机遇，这是他毅力、智慧、勤奋和耐心极度发挥的结果，是用多年心血创造出来的奇迹。

贫穷、凌辱、压制和失败经常袭击着这位伟大的科学家。为了科学、为了心爱的事业，他舍去了很多很多。在法拉第的脑海中，萦回着只是一大堆没完没了的实验题目；等待着他的是永无止境的科学实验。

他进皇家学院不久，就与戴维一起发明了矿井用安全灯。他的才华显露之后,伦敦的商人们逐渐包围着他,希望法拉第替他们解决工商业方面需要的技术问题。1824年,法拉第发明了从煤气中提炼石油醚的方法,许多工厂因之建立起来,但他却拒绝从他的发

← 法拉第

明中获得适当的报酬。

法拉第的志趣是从事真正的科学研究，而不是为了个人获利。在当时，从事与商业有关的科学技术工作，特别是像他这样有才能的人，本来是可以赚到大钱的。但是法拉第甘愿放弃了发财致富的机会，他的妻子萨拉与他一样，表现了同样的情操。

当时皇家学院付给法拉第的薪俸很少，只勉强够供养他的母亲和妻子，他们宁愿过着清贫的生活。这是法拉第的伟大之处，也是萨拉作为他的妻子值得称颂之处。否则的话，法拉第将会把自己的才华和时间用在只对市场有即时价值、并听命于商人的琐碎技术上，而真正的科学是不一定都有即时即效的市场价值的。

选择纯正的科学研究，是法拉第在人生道路上的

第二次转折。如果说他的第一次转折或多或少是戴维促成的话,那么第二次转折的方向盘则是完全操纵在他自己的手里的。是法拉第和萨拉的品质,而不只是他们的聪明,使他们做出了影响人类文明历史进程的正确选择。

← 法拉第

法拉第曾说:"我因为对当时产生电的方法感到不满意,因此急于想发现电磁及感应电流的关系,觉得电学在这一条路上一定可以有充分的发展。"

这就是法拉第从1821年到1831年孜孜不倦地从事电磁感应实验的真正动机。

自从法拉第创立电磁感应定律后,他已成为万人景仰的人物,人们争先给予他各种荣誉称号。一些著名的大学为表明自己并不是不识人才,纷纷授予他学位;各种奖状和奖章也如雪片般飞来。但法拉第对于自己的伟大,却表现出惊人的谦虚和保持着异常冷静的态度。他把奖状和奖章全部藏起来,甚至连他最亲

电气文明时代的先驱　**法拉第**

近的朋友，也从不让看一眼。他一如既往地从事他心爱的科学实验，好像周围什么事也没有发生似的。

法拉第对于自己的成就和工作，从来不滥用赞美或夸张的形容词，而是持特别谨慎的态度。这也可以从他制作发电机这件事上来说明。电磁感应现象发现后，法拉第就着手制造一个发电机。他将一个铜圆饼插入磁铁的二极之间。铜饼的四周贴连着铜条和铝条。当铜饼转动时，就产生了连续不断的电流。但法拉第并没有把他的发电机公开展览，更没有将他的发明作为个人赚钱的资本。他只在皇家学会做了一个报告，让别人去利用他的发明造福于人类，他就心满意足了。

随着时光的流逝，法拉第的社会地位不断上升，形象愈来愈高大，影响也愈来愈深远，但他在个人的

生活上始终保持着简朴无华的作风。他仍深居简出，不尚社交。除了每星期日和萨拉一起到皇家学院工作外，他几乎什么地方也不去。

法拉第厌恶金钱、荣誉、地位和权势，他不愿自己成为别人崇拜的偶像。因为他知道，任何人间的偶像总是会阻碍历史进展的。

正当法拉第准备在科学的征途上继续驰骋时，病魔前来叩门了。经过了几十年艰苦卓绝的奋斗，全身精力几乎已消耗殆尽。最后几年，法拉第几乎不能正常工作。

在晚年，法拉第表现出一个伟人的高风亮节，他只肯接受伦敦普通市民应得的很少的一份养老金维持生计，拒绝从公家或私人那里接受任何津贴。他巨大的贡献及显赫的名声，本应得到优厚的物质享受，但是他却愿意和一个最普通的市民一样，过着简朴的生活。

1862年的下半年，他的身体情况越来越不好，几乎完全病倒在床上。

1867年8月25日，一颗巨星陨落了！但他所发出的耀目光芒，将永远照亮人类科学文明的大道。